Você sabe fazer uma boa venda?

KEN LANGDON

Você sabe fazer uma boa venda?

Conquiste
seus clientes,
feche negócios
e ganhe
novas vendas

Editora Senac São Paulo – São Paulo – 2009

Um livro da Dorling Kindersley
http://www.dk.com

ADMINISTRAÇÃO REGIONAL DO SENAC NO ESTADO DE SÃO PAULO
Presidente do Conselho Regional: Abram Szajman
Diretor do Departamento Regional: Luiz Francisco de A. Salgado
Superintendente Universitário e de Desenvolvimento:
Luiz Carlos Dourado

EDITORA SENAC SÃO PAULO
Conselho Editorial:
Luiz Francisco de A. Salgado
Luiz Carlos Dourado
Darcio Sayad Maia
Lucila Mara Sbrana Sciotti
Jeane Passos Santana

Gerente/Publisher: Jeane Passos Santana (jpassos@sp.senac.br)

Coordenação Editorial:
Márcia Cavalheiro Rodrigues de Almeida (mcavalhe@sp.senac.br)
Thaís Carvalho Lisboa (thais.clisboa@sp.senac.br)

Comercial: Marcelo Nogueira da Silva (marcelo.nsilva@sp.senac.br)
Administrativo: Luís Américo Tousi Botelho (luis.tbotelho@sp.senac.br)

Tradução: Bianca Justiniano
Edição de Texto: Pedro Barros
Preparação de Texto: Maísa Kawata
Revisão de Texto: Sandra Kato, Tulio Kawata
Projeto Gráfico Original e Capa: Dorling Kindersley Books
Editoração Eletrônica: Nobuca Rachi
Impressão e Acabamento: Dorling Kindersley Books

Título original:
WorkLife: Understand selling
Copyright © Dorling Kindersley Limited, 2006
Copyright de texto © Ken Langdon 2006

Proibida a reprodução sem autorização expressa.
Todos os direitos desta edição reservados à
Editora Senac São Paulo
Rua Rui Barbosa, 377 – 1º andar – Bela Vista – CEP 01326-010
Caixa Postal 1120 – CEP 01032-970 – São Paulo – SP
Tel. (11) 2187-4450 – Fax (11) 2187-4486
E-mail: editora@sp.senac.br
Home page: http://www.editorasenacsp.com.br

© Edição Brasileira: Editora Senac São Paulo, 2009

**Dados Internacionais de Catalogação na Publicação (CIP)
(Câmara Brasileira do Livro, SP, Brasil)**

Langdon, Ken
  Você sabe fazer uma boa venda? : conquiste seus clientes, feche
negócios e ganhe novas vendas / Ken Langdon ; [tradução Bianca
Justiniano]. -- São Paulo : Editora Senac São Paulo, 2009. -- (Dia a
dia no trabalho)

  Título original: Understand selling : target customers, close
deals, win new sales
  ISBN 978-85-7359-830-8

  1. Administração de vendas 2. Clientes - Contatos
3. Clientes - Satisfação 4. Desempenho 5. Vendas 6. Vendas e
vendedores I. Título. II. Série.

09-02623   CDD-658.85

Índices para catálogo sistemático:
1. Produtividade em vendas : Administração de marketing   658.85
2. Sucesso em vendas : Administração de marketing   658.85
3. Vendas e vendedores : Administração de marketing   658.85

Sumário

1 Prepare-se para os clientes

14 Entenda as relações de vendas

16 Cause boa primeira impressão

18 Comunique-se de modo persuasivo

22 Identifique os benefícios do cliente

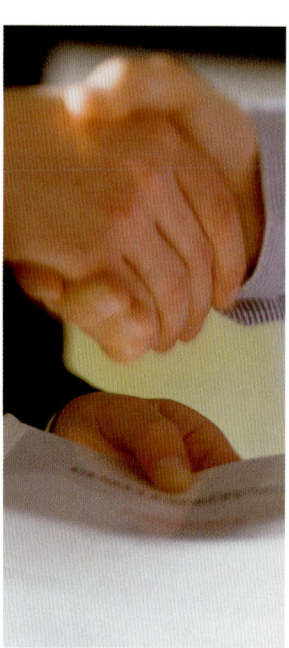

2 Encontre os clientes

- **26** Conheça seu mercado
- **30** Organize-se
- **32** A previsão de vendas
- **34** Descubra seu potencial cliente
- **42** Desenvolva o *pipeline* de vendas

3 Gerencie o processo de vendas

- **46** Defina o processo de vendas
- **48** Planeje o contato inicial de venda
- **50** Abra a venda
- **56** Qualifique seus clientes potenciais
- **60** Complete o contato inicial
- **64** Construa a venda
- **68** Faça a proposta
- **70** Apresente sua solução em vendas
- **74** Negocie termos melhores
- **78** Agarre o acordo
- **80** Proteja seu tempo

4 Entregue satisfação ao cliente

- **84** O cliente em primeiro lugar
- **86** Satisfaça seus clientes
- **90** Satisfaça o consumidor de varejo
- **94** Ofereça serviço de primeira linha

5 Construa contas-chave

- **98** Foque-se em seus melhores clientes
- **100** Monte sua equipe de conta
- **102** Use o processo da conta-chave
- **104** Fatores críticos do sucesso
- **108** Escreva o plano de sua conta
- **116** Finalize o plano para conta-chave

118 Índice
120 Agradecimentos

Introdução

Nenhum negócio pode ter sucesso sem vendedores competentes. Portanto, entender o que é uma venda profissional é competência básica não só para o vendedor da linha de frente, mas para qualquer um cujo trabalho de alguma forma afeta o ativo mais valioso de uma empresa: os clientes.

Vendedores profissionais entendem a necessidade de causar uma excelente primeira impressão. Sabem que uma característica do seu produto poderá facilitar a venda apenas se o cliente perceber como ela lhe será benéfica. Os vendedores entendem cada estágio do processo de vendas, desde o perguntar e ouvir até levar o cliente a dizer: "Sim, eu compro." Então, mesmo que o cliente seja alguém bem-vestido, um comprador muito bem

preparado de uma multinacional, uma delegação inteira ou um gerente que administra o orçamento, você precisa desenvolver as habilidades para realizar mais vendas lucrativas rapidamente. *Você sabe fazer uma boa venda?* ajuda a avaliar suas atuais habilidades de vendedor para, depois, mostrar todos os aspectos do processo de vendas, as técnicas de abertura e as melhores maneiras de satisfazer seus clientes e gerenciar sua equipe de vendedores. Isso o fará manter o primeiro contato com nova perspectiva e planejar sua campanha para realizar a primeira venda e entregar o prometido. O livro também fala como lidar com seus clientes-chave – os mais importantes, que, em geral, significam 80% da receita de vendas –, mostrando como planejar e administrar essas contas para garantir a lealdade do cliente e o crescimento gerenciável de vendas lucrativas.

> **Venda eficaz é a base de todo negócio de sucesso**

Fotografias ilustram os sutis sinais visuais que o cliente emite, mostrando como interpretar e selecionar a técnica adequada para cada momento. Há também vários estudos de casos, de técnicas que você pode praticar todos os dias, dicas profissionais e aspectos especiais dos pontos-chave do processo de vendas. Resumindo: tudo o que você precisa saber para entender o que é uma venda e chegar a ser um vendedor de primeira.

Avalie suas habilidades

O objetivo deste questionário é fazer você pensar sobre suas habilidades de venda e avaliar seu potencial de melhoria; portanto, seja honesto. Faça o teste antes de ler o livro. Escolha a frase mais próxima de sua resposta preferida. Lembre-se de colocar a letra apropriada na coluna "Antes". Depois de ter lido o livro e aplicado as técnicas, responda o questionário pela segunda vez, preenchendo a coluna "Depois".

	Antes	Depois

1 Com que frequência você utiliza perguntas abertas?
- **A** Você não sabe o que são.
- **B** Sempre que encontro um provável comprador.
- **C** Com frequência no ciclo de vendas.

2 Como você descreve seus produtos?
- **A** Com muitos detalhes, enfatizando as características que superam as do concorrente.
- **B** Concentra-se nas características que interessam ao provável comprador.
- **C** Descreve as características relacionando-as sempre com benefícios ao cliente.

3 Como você estabelece as necessidades do provável comprador?
- **A** Assume que todos os seus prováveis compradores precisam do seu produto.
- **B** Pergunta as necessidades do comprador ao iniciar o trabalho de venda.
- **C** Escuta as necessidades do cliente, faz um resumo e as confere para averiguar se mudaram.

4 Quão corretas são suas previsões de vendas?
- **A** No seu negócio é impossível fazer prognósticos.
- **B** Há meses em que estão muito corretas e outros em que estão muito erradas.
- **C** Em geral, você acerta as previsões, dentro de uma margem de 10%.

	Antes	Depois

5. Com que frequência você costuma fazer prospecção de clientes?

A Quando acabou sua lista de prospecção.
B De vez em quando.
C Todas as semanas, em diferentes horários.

6. Que percentual do tempo você fala em suas visitas de vendas?

A A maior parte do tempo, para maximizar o tempo de venda.
B Mais ou menos metade.
C Tenta um balanço de 20% com você falando e 80% com o cliente em potencial falando.

7. Como você consegue diferenciar sua proposta da de seus concorrentes?

A Impossível: os produtos são muito parecidos.
B Conhece a Proposta Única de Venda de seus produtos.
C Pode demonstrar sua Proposta Única de Venda em sua organização e sua posição no mercado.

8. Consegue identificar o critério pelo qual o cliente tomará a decisão?

A Não conhece o conceito.
B Perguntou o critério no primeiro encontro.
C Você usa o critério de decisão do cliente potencial como base de sua campanha de vendas.

9. Mantém bom registro de seus contatos?

A Estão na base de dados.
B Mantém os detalhes até concluir a venda.
C Mantém seu livro de endereços atualizado.

10. Como você finaliza o primeiro contato?

A Agradece ao cliente em potencial pelo tempo dispensado e diz-lhe que voltará a ligar.
B Explica as ações que tomará após a reunião.
C Concorda com um plano de ação que sempre inclui uma ação para ser completada pelo cliente potencial.

	Antes	Depois

11. Você dá descontos ou outras concessões?

A Seu preço inicial é o melhor que pode oferecer.
B Começa com as normas e condições e oferece o que pode no momento adequado.
C Nunca dá nada, a menos que seja fundamental fazê-lo, e sempre aparenta grande relutância.

12. Quanto tempo perde com clientes potenciais que, por fim, não compram de você?

A Acontece sempre: isso faz parte da venda.
B Se parecer óbvio que o cliente não comprará de você, desiste dele.
C Você qualifica constantemente os clientes potenciais e está ciente do motivo da desqualificação.

13. Como você mede a satisfação do cliente?

A Tem um palpite quando aumentam as queixas.
B Pede a alguns clientes para preencher um formulário sobre sua satisfação no final de cada trimestre.
C Você define as metas de satisfação do cliente e utiliza pesquisas internas e externas.

14. Você conhece as estratégias, os pontos fortes e os pontos fracos de seus clientes-chave?

A Não precisa disso para vender seus produtos.
B Pergunta ao comprador principal como estão os negócios regularmente.
C Você tem um Plano de Desenvolvimento de Contas aprovado com essas informações atualizadas.

Pontuação final

	A	B	C
Antes			
Depois			

VOCÊ SABE FAZER UMA BOA VENDA?

Análise
Predomínio de As

Suas respostas sugerem que você é novo em vendas, parece ser entusiasmado, mas precisa pensar sobre as técnicas básicas e o processo de venda profissional. Analise de início seu contato com os clientes em potencial e aprenda a escutar mais. Então, trabalhe no processo de vendas para entender cada uma das etapas e poder identificar com segurança em que parte do percurso você se encontra. Pense mais no cliente e no que ele precisa e deseja.

Predomínio de Bs

Você tem alguma noção sobre venda profissional, lida bem com seus atuais clientes e os em potencial. Está começando a enxergar a venda do ponto de vista deles, porém você precisa gastar mais tempo e energia na melhoria de suas habilidades nessa área. Comece com um cliente e uma campanha de vendas e planeje cada passo do processo. Seja autocrítico em seu enfoque geral sobre uma conta importante.

Predomínio de Cs

Você certamente tem visão profissional de vendedor. Certifique-se, no entanto, de que estabeleceu uma boa relação com os clientes; trate-os com profissionalismo. Concentre-se na estratégia de longo prazo e utilize algumas das técnicas deste livro para construir um relacionamento de benefício mútuo. Use essas técnicas para ajudar os membros de sua equipe a melhorar as habilidades. Mostre-lhes como é importante ter contatos abertos e honestos com clientes atuais e clientes potenciais.

Conclusão

Se for a primeira vez que faz a avaliação, tenha em mente a análise acima durante a leitura do livro. Preste atenção especial às áreas destacadas por suas respostas e absorva as dicas e técnicas: elas poderão ajudá-lo a reduzir, da próxima vez, o número de respostas As e a equilibrar as respostas Bs e Cs. Depois de ter lido o livro e tido a oportunidade de colocar as técnicas em prática, faça o teste novamente. Desde que tenha respondido honestamente, você poderá medir seu progresso e verá grandes melhorias.

1
Prepare-se para os clientes

Vendedores de sucesso concentram-se em seus clientes: são determinados não só a vender como também a produzir alto nível de satisfação no cliente. Para ajudá-lo a preparar-se para seus clientes com confiança, profissionalismo e eficiência, este capítulo mostra a você como:

- Entender as relações entre um cliente e um vendedor eficiente
- Causar uma primeira impressão forte parecendo um profissional com a atitude certa
- Comunicar-se de forma persuasiva, sabendo ouvir e fazendo as perguntas certas
- Identificar os benefícios do produto para seu cliente

Entenda as relações de vendas

A venda cria uma relação pessoal entre o vendedor e o cliente. Uma relação efetiva de vendas implica conseguir pedidos de produtos que satisfazem ou encantam seu cliente.

Procure a satisfação do cliente

Os vendedores mais eficientes de uma organização são os próprios clientes. Um cliente satisfeito, que fala com entusiasmo para amigos e conhecidos gera novos negócios. Muitos dos restaurantes de sucesso, por exemplo, apoiam-se totalmente nas recomendações boca a boca. Uma venda de sucesso tem três ganhadores: o vendedor que fez a venda, o cliente que recebeu os benefícios do produto ou serviço adquirido e a empresa que vendeu, ganhando tanto na receita da venda como na satisfação do cliente.

> **Um cliente satisfeito é também o mais efetivo defensor**

Crie relacionamentos

Fazer repetidas vendas para alguém que já é cliente é mais rápido e barato do que achar um cliente em potencial e realizar a primeira venda; por isso, a repetição de vendas é também a mais lucrativa. A relação cliente-vendedor é elemento vital para isso. Baseia-se na confiança mútua: os clientes dão informações sobre suas necessidades e desejos ou sobre os problemas e oportunidades de suas empresas. Em troca, o vendedor mantém a confidencialidade e ajuda o cliente a comprar produtos que vão ao encontro de suas necessidades. Você pode construir relações concentrando-se em produzir soluções com benefícios reais para seus clientes.

DICA Satisfaça e até supere, se possível, as expectativas do cliente. Ou, como muitos vendedores de sucesso dizem: "Prometa pouco e faça muito."

Observe outros vendedores

Você pode aprender coisas boas e ruins em vendas observando como outros vendedores tratam seus clientes. Exemplos de diversas técnicas de vendas estão por toda parte.

Na próxima vez em que você estiver numa loja ou num restaurante, observe por alguns instantes as pessoas que trabalham lá e veja como elas interagem com os clientes.

→ Poderia identificar algum vendedor eficiente? Quais são suas técnicas de vendas? É persistente? É profissional?
→ Que tipo de relacionamento um vendedor de sucesso cria com o cliente? Observe as formas como o vendedor cria um ambiente de confiança.
→ Há alguma aproximação que dá margem a uma resposta negativa por parte do cliente? Como o vendedor reagiu?

Você também pode utilizar sua experiência para tentar entender e apreciar as diversas técnicas de vendas: na próxima vez em que alguém tentar lhe vender alguma coisa, preste atenção no método utilizado.

→ O que o vendedor fez para que você se sentisse pronto para comprar?
→ O vendedor foi habilidoso para identificar o que você queria?
→ O produto era tão bom quanto as promessas do vendedor?
→ O vendedor foi prestativo, certificando-se de que você teria um bom serviço de pós-venda?
→ Houve algo que o vendedor disse ou fez que o tornou menos propenso a comprar?

Técnicas eficientes de vendas

ALTO IMPACTO	IMPACTO NEGATIVO
• Ser amistoso e profissional	• Ser confiado demais ou impositivo
• Encontrar exatamente o que o cliente deseja	• Dizer ao cliente o que você acha que ele precisa
• Absorver e responder de modo positivo às informações do cliente	• Ignorar as informações do cliente ou ficar aborrecido ou agressivo
• Estar preparado para negociar	• Ser inflexível

Cause boa primeira impressão

Os potenciais clientes, como qualquer pessoa, tomam decisões rápidas sobre quem estão conhecendo pela primeira vez. Leva apenas poucos segundos para causar uma impressão, por isso esteja bem preparado.

Pareça profissional

É importante mostrar ao cliente uma boa imagem pessoal, de modo que ele possa se sentir à vontade para falar e/ou trabalhar com você. Se estiver vendendo para pessoas que vestem terno e gravata, use-os também; se for vendedor de uma loja de roupas de moda, pode vestir-se mais informalmente. Em todo caso, o mais importante é parecer impecável, arrumado e inteligente. A aparência profissional garantirá que seu potencial cliente o respeite desde o início.

Desenvolva confiança

Muitos vendedores sentem um pouco de ansiedade quando são novos na profissão. O truque é converter essa energia numa emoção de maior utilidade. Mantenha uma atitude mental positiva, acredite que você, seus produtos e serviços podem melhorar os negócios e a vida dos clientes. Numa posição competitiva, essa autoconvicção pode ser a diferença entre ganhar um pedido ou perdê-lo para um concorrente.

use a CABEÇA

Para controlar o nervosismo quando se reunir com um cliente em potencial, demonstre autoconfiança e suponha que está se encontrando com um velho amigo.

Imagine que o cliente em potencial é um velho conhecido que você não vê há anos. Você está encantado por revê-lo e curioso de saber o que ele ou ela tem feito desde a última vez que se viram. Adote essa atitude desde o início e o diálogo logo fluirá naturalmente.

Cause impacto

Postura ereta, contato visual direto e aperto de mão firme ao conhecer novos potenciais clientes dão impressão de confiança. Boa aparência e maneiras polidas garantirão que a sua primeira impressão seja positiva.

Postura Fique ereto, mas relaxado, e evite inclinar os ombros. Não cruze os braços: isso pode ser interpretado como defensivo.

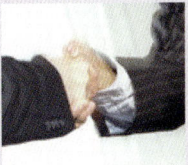

Aperto de mãos Deixe a palma de sua mão curvada levemente para cima e movimente-a para o aperto de mãos, que deve ser firme, mas sem esmagar.

Contato visual Faça contato visual ao falar ou ouvir para indicar que você é honesto e confiável. Tenha cuidado para não encarar.

DICA Antes de se reunir com um potencial cliente, pare por um momento e pense em algum sucesso anterior: isso o ajudará a sentir-se mais confiante.

Comunique-se de modo persuasivo

Vendedores profissionais são peritos em comunicação. Eles usam a conversa para envolver seus clientes, definir o que estes precisam e demonstrar como seus produtos e serviços podem suprir as necessidades deles.

Faça a pergunta certa

Vendedores eficientes fazem perguntas para estimular os potenciais clientes a falar livremente sobre suas metas, necessidades e desejos. Baseados nas respostas, eles percebem onde seus produtos seriam mais apropriados. É importante o modo como se formulam as perguntas. Evite as formas fechadas, cujas respostas são um simples "sim" ou "não". São mais eficientes as perguntas abertas, que estimulam as pessoas a falar sobre si mesmas e sobre a empresa com detalhes.

- Perguntas fechadas sempre começam com palavras como "você", "é" e "são". "Você está procurando novos fornecedores?" chama a simples resposta: "Não."
- Perguntas abertas começam com palavras como "por que", "como", "quem", "o que" e "onde". "Como seus fornecedores podem lhe oferecer um serviço melhor?" abre o diálogo e pode revelar informações muito úteis.

TÉCNICAS *para* praticar

A habilidade de ouvir sem interromper é valiosa.
Pratique a habilidade de ouvir com um amigo: faça-lhe uma pergunta aberta sobre um tema que lhe interesse. Ouça-o por dois minutos sem interrompê-lo.

- Use gestos e palavras estimulantes para lhe mostrar que está prestando atenção.
- Sutilmente, espelhe os gestos e posturas da outra pessoa para criar empatia e afinidade.
- Utilize os silêncios para estimular os conversadores hesitantes.
- Se a conversação enfraquecer, faça mais perguntas abertas, mas faça com que a outra pessoa fale muito mais.
- Repita as palavras-chave, em silêncio, à medida que escuta para lembrar-se do que foi dito.

Estudo de caso: recebendo *feedback* de clientes

Carlos, representante de um fornecedor de brinquedos, estava encontrando dificuldades para convencer a gerente de uma loja, Eileen, a comprar um novo jogo de tabuleiro. A gerente de Carlos lhe perguntou como ele costumava iniciar as visitas de vendas e descobriu que ele sempre iniciava com a descrição das novidades e com algumas amostras. Ela sugeriu-lhe que primeiro perguntasse a Eileen que tipos de produtos tinham boa saída. Assim, Carlos descobriu que, nessa temporada, os jogos de mesa para adultos estavam vendendo muito bem na loja. Ele pôde usar esse fato para enfatizar as características da nova linha que seriam do agrado dos adultos. Eileen comprou estoques da nova linha.

• *Ao pesquisar que tipo de produto estava vendendo antes de iniciar sua apresentação, Carlos ficava mais bem preparado para oferecer seus produtos de forma que combinassem com a demanda do cliente. Ele foi capaz de responder e informar.*
• *As perguntas também estabeleceram uma relação bidirecional entre o cliente e o vendedor. Em vez de simplesmente ouvir, Eileen achou que tinha contribuído para a conversação e investiu no resultado.*

Aprenda a ouvir

Além de ouvir com atenção o que o potencial cliente fala, você também deve mostrar que está ouvindo, olhando-o atentamente. Se perder alguma informação ou não entender o que está sendo dito, desculpe-se e peça-lhe para repetir. Ouvir ativamente mostra que você não deseja dominar o diálogo.

- Encontre dicas no que o potencial cliente fala para prepararar nova bateria de perguntas lógicas, mas nunca o interrompa se ele estiver falando. A interrupção manda uma mensagem muito clara: "O que eu quero dizer é mais importante do que o que você está tentando me dizer."
- Caso um cliente faça uma pergunta, mantenha suas respostas diretas, positivas e objetivas.

> **A menos que seja um gênio, é melhor tratar de ser inteligível.**
> *Sir* Anthony Hope Hopkins

Fale nos termos do interessado

Quando estiver vendendo, faça conexão com alguma coisa que o potencial cliente precisa ou deseja. Descreva a conexão em palavras que ele utiliza em vez das suas: assim ele, ou ela, entenderá melhor a relação. Quando estiver falando com um cliente, concentre-se nas palavras-chave usadas e repita-as silenciosamente. Use-as quando responder.

Planeje fechar a venda

Perguntas fechadas, que requerem uma resposta "sim" ou "não", indicam-lhe quanto está próximo de uma venda e confirma que você está de acordo. Se deseja que alguém esteja presente na demonstração, faça uma pergunta fechada direta: "Você estará presente?" Se o potencial cliente disser "não", pergunte-lhe por que e lide com a objeção. Um "sim" indica que você tem compromisso para dar continuidade. Se o cliente em potencial reluta, mencione outros benefícios que não foram discutidos ainda: isto pode ser persuasivo.

Benefícios do cliente Descreva seu produto nos termos do que o potencial cliente precisa ou deseja. Se ele deseja um carro para a família, você talvez possa enfatizar o espaço para as pernas ou os aspectos de segurança em vez da potência do motor.

Aprenda o jargão do cliente

Cada indústria tem seu próprio jargão. Para ter a certeza de que se comunica com eficiência com seus clientes atuais e potenciais, você precisa saber utilizar o jargão com segurança.

O jargão serve para dois propósitos: ajuda não só na comunicação como também para a pessoa sentir-se incluída num grupo ou profissão. Se você utilizar um jargão corretamente, será mais fácil entrar em empresas como uma pessoa informada das necessidades e preocupações do cliente. O uso inapropriado da terminologia pode ter efeito contrário. A confiança e o uso apropriado de jargões baseiam-se na familiaridade. Considere os seguintes passos para desenvolver essa habilidade:

→ Fale na linguagem de seu cliente e não na sua: um vendedor de computadores que está vendendo produtos para empresas de RH, por exemplo, deveria evitar confundir as pessoas usando menos conhecimentos técnicos e jargões.

→ Escute as pessoas do meio falando entre si e note como descrevem os produtos. Por exemplo, os fabricantes de cortinas chamam o comprimento de uma cortina de "caimento". Identifique os acrônimos usados – em computação usa-se HD para denominar o disco rígido dos computadores.

→ Participe de ou leia conferências industriais para conhecer as pessoas-chave: todos da área sabem os nomes dos executivos principais da maior empresa do setor.

→ Leia a seção de negócios do jornal para se informar sobre os problemas e oportunidades atuais na empresa. Será que está crescendo ou declinando? Quais são os últimos rumores?

→ Visite todas as áreas de negócios do cliente, até mesmo aquelas que não estão envolvidas de perto com seus produtos. Afinal, é sempre útil conhecer o jargão usado nos diferentes setores.

DICA Familiarize-se com os temas principais da empresa em questão de forma que possa conduzir conversas articuladas.

Identifique os benefícios do cliente

Apesar de seu produto oferecer muitos atributos atrativos, lembre-se de que seu cliente somente comprará o que precisa ou utilizará.

Converta os atributos em benefícios

Não são os atributos que vendem seus produtos, mas sim os benefícios, as características que os diferenciam dos produtos da concorrência. Tomemos como exemplo um vendedor que vende aparelhos de telefone que podem ter os recados acessados à distância. Esta é uma característica do produto, porém, a menos que seu potencial cliente ache que usará essa função, será difícil convencê-lo dos benefícios do produto. O vendedor efetuará uma venda quando for capaz de mostrar ao futuro comprador o valor dessa característica. Uma empresa poderia utilizar o acesso remoto mencionado antes para reduzir o número de vezes que os engenheiros de manutenção precisam retornar à base. O benefício para a empresa é o aumento de produtividade.

Lembre-se de que uma mudança da característica para o benefício pode ser uma mudança muito pessoal. Um indivíduo pode comprar roupas novas só porque acha que ficará na moda. Tente identificar e focar-se nos benefícios que são específicos para o potencial cliente enquanto ele fala.

Use "E daí?" para definir o benefício

> **Características**
> O transformador se divide em duas partes para ser transportado

E DAÍ?

> Quando as peças estão no caminhão, não há sobrecarga

E DAÍ?

> Os motoristas não precisam de escolta no trânsito

E DAÍ?

> **Benefício**
> Isto poupa custos do aluguel da escolta

DICA Veja se o cliente concorda que algumas características são um benefício. Senão, deverá usar outro tipo de aproximação para promover o produto.

Desenvolva um *business case*

Grandes empresas usam um processo de negócios para analisar custos e benefícios no gasto do dinheiro. Poderá existir um departamento de compras responsável pela aquisição de matérias-primas que as indústrias utilizam para fabricar seus produtos ou os itens que os comerciantes estocam nas lojas. Os gerentes de produção têm orçamentos para gastar naquilo que pode ajudar na eficiência de seu produto ou no serviço que oferecem aos clientes. Todas essas pessoas precisam analisar as implicações financeiras da tomada de decisão. O comerciante varejista, por exemplo, confere a margem de lucro de uma linha de produto. Em outras empresas, os gerentes vão querer estabelecer o retorno financeiro antes de investir em tecnologia. Os vendedores profissionais ajudam os clientes no processo de compra e sugerem benefícios financeiros em que os últimos não pensaram.

As perguntas-chave sobre seu produto

Assim como somente grandes organizações utilizarão um processo de negócios para analisar os benefícios financeiros e outros antes de introduzir um novo produto ou serviço, você também precisa se fazer perguntas para avaliar os benefícios potenciais e as desvantagens para o cliente.

→ Será que o produto ou o serviço incrementará significativamente as receitas do cliente?
→ Quais custos seu cliente poderá cortar?
→ Quanto tempo levará para o cliente recuperar o investimento inicial?
→ Haverá custos extras caso o cliente não introduza o produto?
→ Que outros controles gerenciais este produto tem para oferecer?

2 Encontre os clientes

O trabalho de um vendedor é achar compradores em potencial e transformá-los em clientes. Para isso, é fundamental saber como seus produtos se encaixam no mercado e é importante estimar os princípios básicos do negócio de seus clientes. Este capítulo mostra como montar as bases para a venda de sucesso expondo como:

- Definir o mercado-alvo e relacionar com eficiência seu produto a ele
- Acumular conhecimentos sobre seu mercado-alvo e identificar que tipo de pessoas e empresas são seus melhores clientes em potencial
- Fazer bom uso de seu tempo ao prospectar com planejamento e antevisão
- Sondar clientes em potencial e criar interesse em seu produto

Conheça seu mercado

Quanto melhor você conhecer seus prováveis clientes e entender como funciona o negócio deles, mais fácil será interessá-los no potencial de seus produtos.

Entenda os princípios do negócio

Regularmente, dedique um tempo para aprender como funcionam as empresas de negócios. Faça cursos de curta duração, use CD-ROMs e a internet, também leia livros de gerenciamento e negócios. Amplie sua base de conhecimento. Fale com as pessoas que conhece e pergunte sobre suas empresas; pergunte a donos de lojas como seus negócios progridem e aprenda com as pessoas de sua própria empresa. Leia a seção de economia de um jornal pelo menos uma vez por semana – se achar difícil entender, peça a alguém de seu departamento para ajudá-lo a melhorar suas habilidades.

> O sucesso na venda se dá pelo entendimento do mercado

Entendendo o mercado consumidor

Se você está vendendo para o consumidor final, precisará coletar informações do mercado sobre seus prováveis clientes. Sua empresa poderá fornecer alguma informação, e relatórios sobre o mercado podem ser encontrados na internet. Também é importante fazer sua própria pesquisa. Por exemplo, caso seu território seja uma área residencial, trate de descobrir quais residências compraram seu produto anteriormente. Isso lhe fornecerá a informação necessária para focalizar esse alvo. Defina o perfil do consumidor detalhando dados como sexo, idade, renda mensal e estilo de vida.

DICA **Identifique os principais decisores de compra nos grupos e empresas-alvo e descubra o que desejam.**

Entendendo o mercado corporativo

Conheça a fundo a empresa para quem está vendendo. Levante o perfil dela e de seus clientes baseando-se em fatores como tamanho e *turnover*. Peça para um funcionário mostrar-lhe a empresa ou informar como ela funciona. Leia jornais de economia para estar bem informado tanto sobre a empresa como sobre seus consumidores.

Escolha uma empresa que acredita ser um cliente potencial para depois analisar suas diversas seções. Identifique quais são as mais propensas a gastar dinheiro:

- Descubra quais são as atividades estratégicas de uma divisão: os gerentes só gastarão dinheiro em lugares que estão em seus planos de longo prazo.
- Confira com qualquer um de seus contatos quais divisões estão crescendo ou declinando. As empresas, geralmente, investem dinheiro nas áreas em crescimento.
- Pesquise os lucros da divisão lendo o relatório anual da empresa ou conferindo arquivos de jornais na internet. As divisões lucrativas geralmente investem para crescer, enquanto as menos lucrativas só gastam para poupar custos.
- Confira se um de seus concorrentes está ativo na divisão com uma participação significativa; é muito mais fácil entrar onde não haja concorrência ou ela esteja fragmentada.

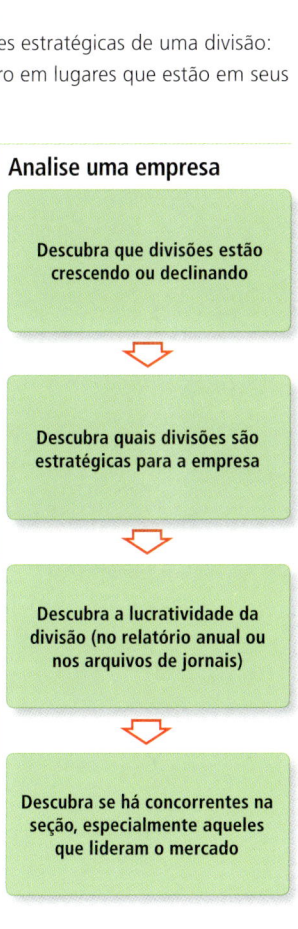

Analise uma empresa

Descubra que divisões estão crescendo ou declinando

⇩

Descubra quais divisões são estratégicas para a empresa

⇩

Descubra a lucratividade da divisão (no relatório anual ou nos arquivos de jornais)

⇩

Descubra se há concorrentes na seção, especialmente aqueles que lideram o mercado

Conheça seus produtos

Seus clientes esperam que você conheça a fundo seus produtos. Além de ler o manual dos produtos, ajuda muito estudá-los do ponto de vista do usuário. Se for possível, experimente o produto. Dessa forma, você poderá assegurar que está totalmente familiarizado com suas características e funcionamento. Além disso, alguém que vende *softwares* para computadores pessoais deverá ser usuário desse programa, a ponto de poder orientar seus clientes sobre qualquer assunto prático e dúvidas que tenha. Lembre-se, no entanto, de que você não está vendendo as características do produto, mas os benefícios que ele trará para seus clientes.

Relacione produtos ao mercado

É importante identificar o ajuste entre seu produto e seu mercado em potencial. Tenha em mente que um produto é parte útil do seu *portfolio* somente se você puder identificar um mercado para ele. Os mercados que valem a pena ser prospectados são aqueles para os quais você tem um produto adequado.

> **Pense em seus produtos somente quanto aos benefícios ao cliente**

Por exemplo, um restaurante que está rodeado de escritórios e perto de uma área residencial tem, pelo menos, dois mercados distintos. A comida que oferece no almoço deve ser apropriada para as pessoas que desejam almoçar com seus colegas e voltar ao trabalho. E o jantar deve ser adequado para aquelas que desejam desfrutar de uma refeição de lazer com a família e os amigos. Se o restaurante tentar vender a mesma comida ou mantiver o mesmo nível de serviço o dia inteiro, poderá encontrar-se sem um produto/serviço adequado.

DICA **Explore os benefícios e deficiências dos produtos de seu concorrente assim como dos seus.**

Grupo de produtos e serviços

Uma matriz de produto-mercado vai ajudá-lo a compatibilizar seus produtos ou serviços com os mercados mais apropriados e dará prioridades para o tempo de prospecção.

Desenhe uma matriz com seus produtos numa coluna e os mercados-alvo no cabeçalho. Isso o ajudará a esclarecer o ajuste entre os produtos e seus potenciais consumidores. Também o ajudará a decidir quanto tempo e esforço deverá investir prospectando as diferentes áreas.

→ Se você oferece diversos produtos ou serviços, talvez precise classificá-los por grupos. Escolha o critério que pareça apropriado para os mercados: o preço, ou a complexidade ou simplicidade do fornecimento.

→ Escolha os mercados a prospectar em grupos, dependendo dos critérios relevantes do produto: para empresas grandes ou pequenas, por exemplo, ou para comércio de hora de almoço ou de fim do dia.

→ Reconheça que o mercado vive mudando e visite de tempos em tempos um cliente em potencial da matriz: funciona para certificar-se de que seu produto ainda é apropriado. Mude o nível de atividade quando necessário e discipline-se para trabalhar de acordo com esse plano lógico.

Arranjo Produto/Mercado

	Mercado 1	Mercado 2	Mercado 3
Produto 1	Atividade de alta prospecção	Atividade de baixa prospecção	Atividade de prospecção média
Produto 2	Não se aplica	Atividade de baixa prospecção	Atividade de prospecção média
Produto 3	Atividade de alta prospecção	Não se aplica	Atividade de alta prospecção
Produto 4	Atividade de baixa prospecção	Atividade de alta prospecção	Atividade de alta prospecção

Organize-se

Para ter sucesso em vendas, você deve ser bem organizado. Deve ter um procedimento para obter dados sobre clientes atuais e potenciais, e precisa saber como gerenciar seu tempo de forma eficiente.

Monte um livro de endereços vitalício

Como vendedor profissional, é fundamental manter contato com o máximo de gente possível. As demandas mudam, tanto quanto seus produtos e serviços. Alguém com quem você não fez negócios na primeira tentativa pode vir a ser um bom cliente mais na frente. Tanto você como seus contatos também poderão, de tempos em tempos, mudar de empresas. Alguém que trabalhou com você em sua empresa anterior, poderá vir a ser um cliente em potencial de seus produtos. Colete dados sobre todas as pessoas que conhece, profissional ou socialmente, e mantenha seu livro de endereços por toda a vida. Seja eletrônico ou manual, quando você mudar tem que levá-lo para a outra empresa.

Planeje sua semana

Para a maioria dos vendedores, qualquer semana de vendas consiste em vários elementos: visitar clientes e clientes em potencial, trabalho administrativo, preparo de propostas e cotações, reuniões internas, pesquisas e trabalho de autodesenvolvimento. Faça uma lista dessas atividades e calcule

> **5 em apenas MINUTOS**
>
> Se você precisa fazer vários contatos num curto período, tente limitar os detalhes que você anota a um *e-mail* e número de telefone.
>
> - *E-mail* profissional ou pessoal tendem a mudar menos que o endereço físico.
> - Telefone celular muitas vezes tem maior período de vida que os telefones fixos.

> **Se você falha em não planejar, está planejando para falhar.**
> Tariq Siddique

ENCONTRE OS CLIENTES

> **DICA** Varie os dias e o tempo gasto em prospectar; poderá ser impossível contatar uma pessoa em particular, dependendo de sua programação.

quanto tempo alocará por semana para cada uma. Planeje-as numa agenda destinando tempo para atividades que não planejaria fazer – prospectar, por exemplo. Vale a pena definir objetivos ambiciosos: pode-se ter como meta diária quatro vendas, quatro cotações e uma hora dedicada a encontrar pelo menos quatro novos potenciais clientes.

Arquivo de contatos Seja qual for a forma como registra e guarda seus contatos – manual ou eletronicamente –, se você mudar de empresa, deverá ter condição de levar as informações junto. É importante também que elas sejam guardadas em *softwares* seguros.

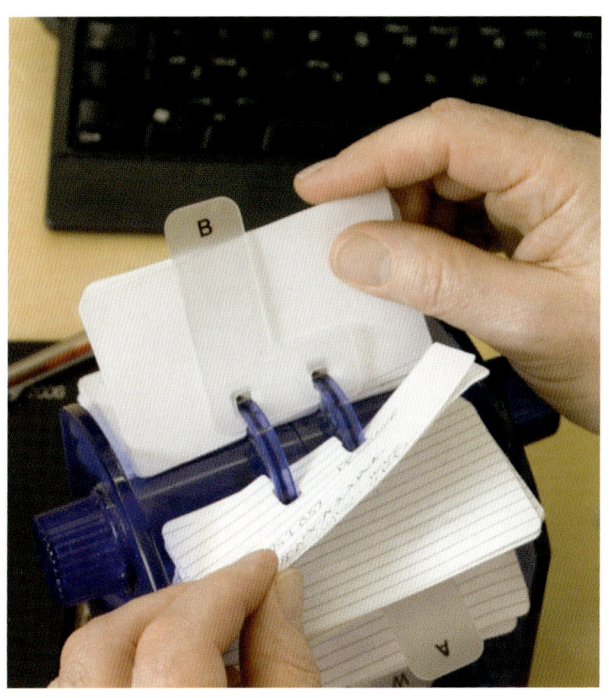

A previsão de vendas

Uma previsão de vendas acurada é ferramenta essencial de planejamento em qualquer empresa. É usada como base para muitas outras projeções, como produção e planos de distribuição.

Defina metas

Não importa o tipo de produto ou serviço que você esteja tentando vender; uma boa previsão de vendas o ajudará a planejar o futuro. As previsões começam com as metas. Seu gerente pode ter concordado com o nível de negócios que você pretende atingir. Também pode pedir para que você atinja outras metas do tipo mensais, trimestrais ou realizar vendas para novos clientes. Por outro lado, você pode ter suas próprias metas. Considere que elas podem ser muito rígidas no mundo competitivo de hoje. Comparando-as com suas previsões de vendas, poderá ver com clareza se elas são realistas. Divida-as entre os setores apropriados de modo que possa medir seu progresso no decorrer do ano – se ficar muito atrás das metas, poderá ser difícil alcançá-las.

Faça uma previsão

O formato exato da sua previsão de vendas deverá variar dependendo de quantos produtos ou serviços você tem a oferecer. No entanto, provavelmente será uma folha de papel na qual as vendas estimadas dos diferentes produtos estarão divididas em meses junto com o valor projetado das vendas. Uma boa maneira para chegar a números realistas é avaliar as probabilidades em números percentuais. Lembre-se de que a previsão não precisa ser detalhada ou 100% precisa. É mais uma conjetura do que um número exato.

DICA **Quando prospectar novos clientes, sempre tenha tempo para cuidar de seus clientes atuais.**

Um sistema para fazer previsões

Este sistema assegura melhor uso de seu tempo e uma visão realista de suas expectativas de vendas.

Pense em termos da campanha de vendas atual e faça uma pergunta: "Quais são as probabilidades de que este cliente ou cliente em potencial faça um pedido correspondente a este valor do faturamento?" Responda com honestidade:

→ Caso o cliente já tenha feito um pedido, existe 100% de probabilidade de que você fará essa venda.

→ No caso de uma carta de intenções, sujeita a um contrato, a probabilidade de ter a receita de vendas é de 75%.

→ Se seu cliente em potencial pretende fazer um pedido, seja com você ou seu concorrente, coloque na previsão 50%.

→ Em todos os outros casos em que houver probabilidade de o cliente em potencial fazer um pedido nesse valor, 25%.

→ Se não tiver informações suficientes para projetar a probabilidade de uma venda, mantenha-a na lista, porém com um potencial de 0% de ser realizada.

Num novo território, poderá iniciar com apenas 0% de probabilidade.

Modelo de previsão de vendas

Receitas de vendas	100% de chance	75% de chance	50% de chance	25% de chance	0% de chance
Interessado 1	R$10.000	R$20.000	R$36.000	R$100.000	R$250.000
Interessado 2	–	–	R$40.000	R$90.000	R$100.000
Totais de potencial de vendas	R$10.000	R$20.000	R$76.000	R$190.000	R$350.000
Fator	1	0,75	0,5	0,25	0
Vendas prováveis	R$10.000	R$15.000	R$38.000	R$47.500	R$0
Previsão total	R$110.500				
Meta	R$120.000				
Diferença	R$9.500				

Descubra seu potencial cliente

Um provável comprador ou cliente em potencial é uma pessoa ou empresa que tem mostrado interesse em seu produto ou serviço. Quanto mais potenciais clientes você puder encontrar, mais vendas realizará.

Desperte interesse

Estimule os potenciais clientes para que o encontrem chamando a atenção para seu produto ou serviço. Para criar o interesse em uma loja de revenda, certifique-se de que tanto as vitrinas quanto o local sejam os mais atraentes possíveis. Considere também distribuir panfletos na rua. Em vendas de empresa para empresa, use propaganda e promoções adequadas. Procure oportunidades para fornecer informações às mídias local e nacional. Independente da técnica empregada, facilite para que o interessado possa encontrá-lo. Se você fizer uma mala direta, por exemplo, sempre inclua um envelope porte pago de resposta.

Estudo de caso: entendendo potenciais clientes

Adrian, vendedor de artigos de plástico, queria incentivar o interesse por um novo método de produção. Ele enviou para os gerentes de engenharia de suas empresas-alvo um panfleto que incluía, como novidade, um *kit* de um modelo de carro baseado no novo processo. Esperando que os engenheiros construíssem o modelo, ele aguardou que o contatassem para obter mais informações sobre o processo. Os resultados foram desestimulantes e poucos ligaram. Adrian conversou com seu engenheiro-chefe, que sugeriu que enviasse o modelo com uma peça faltando. Isso resultou em muitas ligações apontando o problema e pedidos da peça. Adrian concordou em entregá-las numa reunião e, como resultado, logo sua lista de clientes em potencial aumentou significativamente.

• *O engenheiro-chefe conhecia muito bem o tipo de cliente que Adrian procurava. Ele percebeu que os engenheiros que estavam montando os modelos não tinham nenhum estímulo para dar resposta. Foi crucial ele ter percebido que a maioria dos profissionais não resistiam a chamar a atenção para uma falha.*
• *Adrian aprendeu a analisar o tipo de pessoas para que eram dirigidas suas malas diretas e ganhou conhecimento para ser utilizado no futuro.*

use a CABEÇA

Para iniciar as ligações de venda, contate primeiro os clientes potenciais que achar que têm menos chances de comprar seu produto. Começando assim, você poderá ganhar experiência inestimável à medida que se aproximar dos melhores potenciais da lista.

É tentador começar sua sondagem com empresas de maior possibilidade de vendas, mas existe um enfoque melhor. Se primeiro telefonar àqueles que você suspeita que não comprarão, poderá usar essas ligações para ensaiar o que dizer e como reagir aos problemas. Uma vez que dominar a técnica, procure seus melhores candidatos.

Identifique os suspeitos

Um suspeito é uma pessoa ou empresa que você acredita que pode vir a ser um cliente em potencial. Precisará confeccionar uma lista desses suspeitos se pensa em desenvolver uma plataforma sólida para suas atividades de venda. Como exemplo, suponha que você está pensando em vender uma série de brinquedos educacionais para crianças na idade pré-escolar:

- Primeiro pense sobre os tipos de pessoas e empresas que apreciariam os brinquedos. Neste caso, seus suspeitos seriam as creches e pré-escolas.
- Logo a seguir, junte uma lista de potenciais contatos a partir de catálogos da região e a partir da internet. Para fazer a apresentação de vendas a mais personalizada possível, tente encontrar o nome do gerente mais graduado. Se o nome dele não aparecer numa publicação ou no *site*, terá que telefonar para descobrir.
- Finalmente, agrupe a lista de suspeitos tanto por produtos como por tipo de mercado. Isso ajuda a iniciar o importante processo de avaliar que tipo de suspeito tem melhor possibilidade de chegar a ser um cliente em potencial. Mantenha notas detalhadas de todos os contatos da lista, precisará delas para um uso futuro ou uma análise.

Faça contato

Independente de seu primeiro contato ser por telefone ou por outros meios – e-mail ou mala direta –, leve em consideração qual deles será mais eficiente. Um de seus melhores grupos de candidatos podem ser pessoas que trabalham em organizações em que você já tem clientes. Pergunte sobre a possibilidade de usar o nome dos clientes como referência – o resultado pode ser positivo se a prospecção começar com a menção de um cliente satisfeito, que, por acaso, seu suspeito já conhece.

Ao usar o telefone

Sondar clientes pelo telefone é uma ferramenta poderosa de venda. As conversas são geralmente mais fáceis de ser controladas do que as reuniões face a face, uma vez que tendem a ser mais objetivas e focadas nos negócios. Entretanto, para garantir o resultado ideal, é imprescindível ser claro, conciso e saber exatamente o que se quer atingir.

Vendas por telefone Trabalhe com um roteiro para evitar desviar-se do assunto, e esforce-se para sorrir – se preciso, coloque um espelho em sua mesa. Um rosto sorridente incentiva uma voz mais amigável.

TÉCNICAS
para praticar

Quando feita adequadamente, a prospecção por telefone é um método eficiente para conquistar clientes.
Você pode desenvolver suas técnicas praticando. Peça a amigos ou colegas para atuarem como clientes. Sentem-se em ambientes diferentes e peça-lhes que variem quem irá atender ao telefone e quais serão as reações. Isso o ajudará a reagir durante o primeiro contato com o cliente.

- Escreva antes os assuntos que quer mencionar.
- Fale devagar e claramente para evitar desentendimentos.
- Peça que as pessoas repitam números de telefones ou outros detalhes-chave e repita-os para checar se os dados estão corretos.
- Grave suas conversas para ouvi-las depois e ter *feedback* de seu chefe.

Quando fizer o primeiro contato direto com um cliente em potencial pelo telefone, tenha um objetivo claro em mente. Você precisa despertar interesse por seu produto, claro, mas também deve estar seguro do que deseja que aconteça a seguir. É possível despertar o interesse durante uma ligação e criar a oportunidade para uma reunião com o cliente potencial, ou ainda pode-se limitar o foco do contato em apenas mandar materiais promocionais. Depois dê sequência ao contato com outra ligação.

- Comece cumprimentando o potencial cliente pelo nome e depois fale seu nome e a empresa que representa.
- Se necessário, pergunte sobre a situação atual para saber se a pessoa pode vir a ser um cliente. E, então, apresente um benefício de seu produto.
- Se a pessoa mostrar interesse em ter acesso àquele benefício, negocie um acordo para seguir para o próximo estágio.
- Tome nota do que está sendo dito para que você possa resumir os progressos que teve ou os acordos que conseguiu ao fim da ligação.

DICA Empenhe-se em prestar a mesma atenção aos novos e aos antigos clientes.

Malas diretas eficientes

ALTO IMPACTO
- Enderece cada mala direta a uma pessoa específica
- Teste clientes em potencial
- Mude a lista de contatos regularmente
- Dê sequência ao contato com um telefonema

IMPACTO NEGATIVO
- Enviar a correspondência sem verificar se o nome do destinatário está correto
- Enviar malas diretas mal focadas
- Usar uma lista de contatos desatualizada
- Dificultar o acesso dos suspeitos a você

Enviar malas diretas

As malas diretas podem ser muito eficientes para se conseguir novos clientes, fazer publicidade de produtos ou até mesmo vendê-los diretamente. No entanto, correspondências que falham em atingir o cliente ou que são jogadas numa caixa como se fossem lixo, acabam se transformando em desperdício de recursos. Tente se certificar de que seu *folder* vai chegar às mãos de pessoas com quem há chances de se obter resultados positivos – e o enderece para a pessoa certa. Clientes antigos ou pessoas que perguntaram sobre seus serviços ou produtos no passado são um bom começo; é mais provável que um cliente já existente responda a seu contato do que um cliente em potencial. Se precisar de novas prospecções, considere a possibilidade de contratar o *mailing list* de um profissional – dessa forma, você estará preparado para focar um perfil específico de cliente.

Itens possíveis para se incluir na mala direta

ITEM	VANTAGENS AO INCLUÍ-LOS
Carta de apresentação	Introduz claramente os principais argumentos de venda
Panfleto	É mais visual e atrativo do que uma carta de apresentação
DVD promocional	Pessoas são curiosas e podem querer rodá-los
Amostra do produto	Permite ao cliente experimentar o produto
Presente	Cria impacto e é um incentivo para abrir a carta
Voucher em dinheiro	É um incentivo para se comprar o produto
Formulário de pedido	Se apropriado, pode fechar a venda

Aperfeiçoe a mala direta

Para desenvolver a mala direta perfeita, é preciso experimentar. Envie algumas cartas ao longo de uma semana e fique atento aos resultados. Mude apenas um elemento da mala direta de cada vez, para poder analisar o que funciona melhor. Arrisque com diferentes tipos de listas até encontrar aquela com o maior número de respostas ou com a maior proporção de interessados que se tornaram clientes. Invista tempo na linha de abertura e nos benefícios que seus clientes terão se comprarem seus produtos. Quando terminar esse primeiro rascunho, revise-o olhando-o do ponto de vista do cliente:

- A mala direta o deixa interessado pelo produto?
- Você entendeu o que o produto fará por você?
- Está bastante claro como você deve proceder?

Construa sua peça de comunicação

CANSADO DE AFINAR SUA GUITARRA?

Nossa revolucionária linha de guitarras se autoafina. Sem barulho, sem incômodo. Basta escolher o acorde-padrão requerido pela memória interna e ir em frente – você não precisa afinar as cordas.

A nova guitarra elétrica autoafinadora

Quero receber uma cópia de seu panfleto
Nome
Endereço
Telefone   E-mail
Enviar para: ABC Guitarras, FREEPOST, Cidade, A1 AA
CC189

Título A maioria das pessoas lê somente o título, por isso uma pergunta pode incentivá-la a continuar lendo o texto.

Corpo do texto Deve ser claro e direto – evite deixar ideias complexas demais ou escrever muito.

Foto Este é o primeiro elemento que os leitores percebem, por isso, use-a para promover o produto e incentivar os clientes a lerem o material.

Cupom Inclua espaço para resposta dos leitores, assim eles poderão pedir por mais informações. Codifique suas malas diretas para saber qual delas obteve melhor resultado.

Resumo: sondando clientes

Encontrar clientes em potencial é a peça-chave para qualquer venda. Quanto mais potenciais clientes você encontrar – quer dizer, quanto mais pessoas tiverem expressado interesse em seu produto –, maiores são as chances de aumentar suas vendas. Este resumo aborda o caminho para localizar clientes e como fazer para que eles cheguem até você.

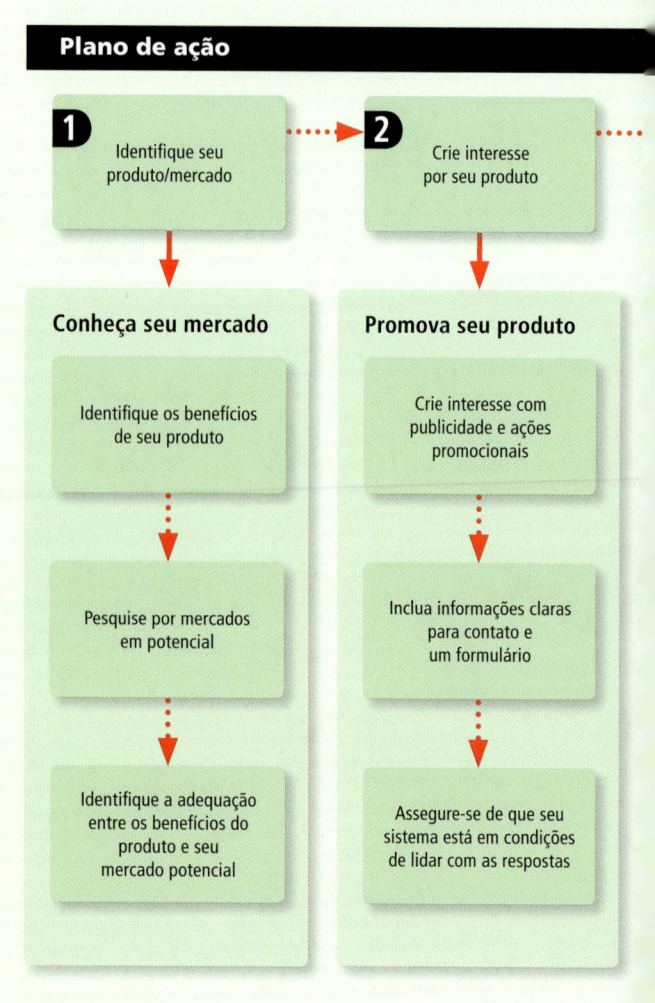

Plano de ação

1 Identifique seu produto/mercado

2 Crie interesse por seu produto

Conheça seu mercado

- Identifique os benefícios de seu produto
- Pesquise por mercados em potencial
- Identifique a adequação entre os benefícios do produto e seu mercado potencial

Promova seu produto

- Crie interesse com publicidade e ações promocionais
- Inclua informações claras para contato e um formulário
- Assegure-se de que seu sistema está em condições de lidar com as respostas

ENCONTRE OS CLIENTES

| **3** Identifique seus clientes potenciais | **4** Faça contato |

Foco em suas prospecções

- Faça uma lista de clientes em potencial – ou diversas listas agrupadas por produto

- Você sabe o nome de cada um de seus contatos?
  - **NÃO** → Confirme os nomes em publicações da área, catálogos ou na internet
  - **SIM** ↓

- Escolha a forma mais apropriada para contato: telefone, *e-mail* ou mala direta → Identifique seu objetivo para o contato inicial

RESUMO: SONDANDO CLIENTES

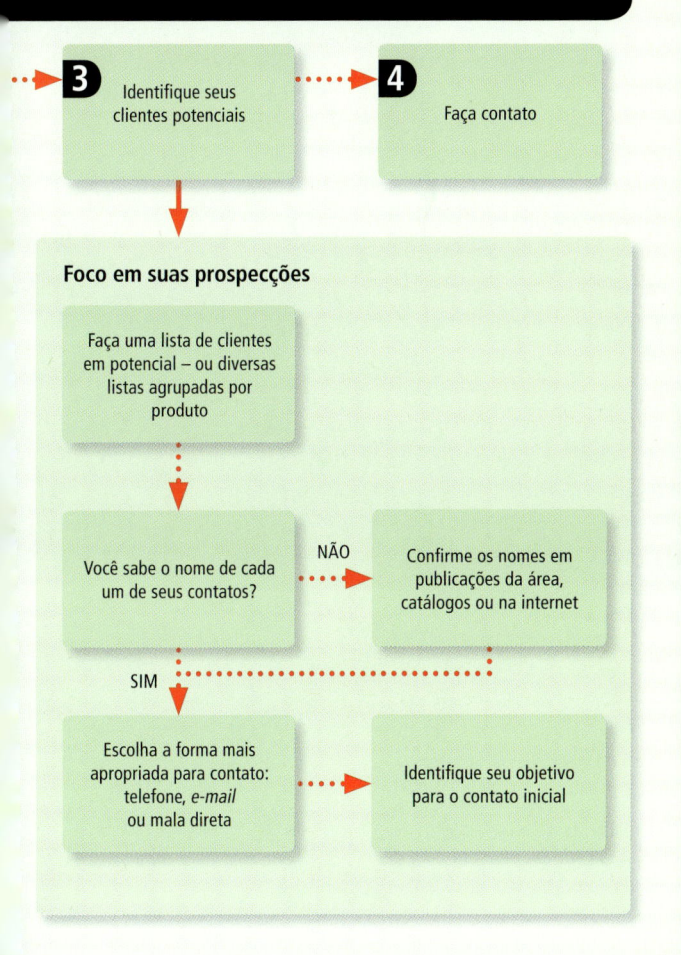

Desenvolva o *pipeline* de vendas

O pior tipo de desperdício para um vendedor é quando o tempo despendido com um cliente não traz resultados. Um *pipeline* de vendas bem desenvolvido garante que você consiga interessados para atingir as vendas.

Aprenda com o passado

Quando está ativamente em contato com um cliente, você está conduzindo uma campanha de vendas. Nem todas as campanhas resultarão em pedidos de compra, já que essa decisão cabe ao cliente, que pode não comprar ou comprar de um concorrente. Por essa razão, você precisa ter mais contatos além dos que já estão na sua mira. Em algum momento da campanha – quando estiver seguro de que existe uma chance real de a venda se concretizar –, você precisará apresentar uma proposta. Tenha como objetivo que um percentual grande de propostas se transforme em pedidos. Mas, de novo, em alguns casos, o cliente potencial pode não seguir em frente, então você deve fazer mais propostas do que sua meta de vendas. Mantenha bons registros de suas prospecções e atividades de vendas e trabalhe bastante no "índice de conversão".

Índice de conversão interessados-clientes

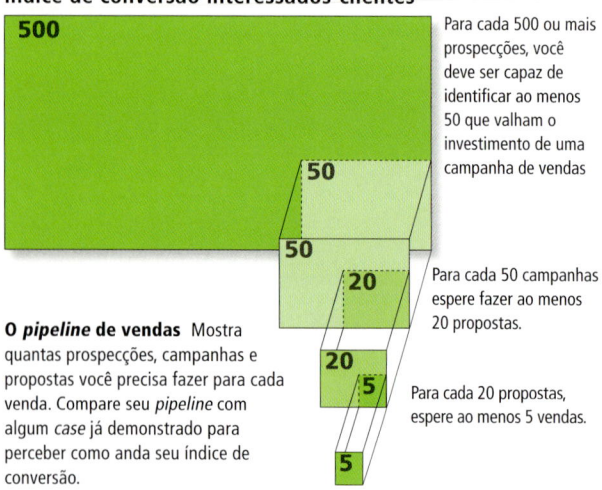

Para cada 500 ou mais prospecções, você deve ser capaz de identificar ao menos 50 que valham o investimento de uma campanha de vendas

Para cada 50 campanhas espere fazer ao menos 20 propostas.

O *pipeline* de vendas Mostra quantas prospecções, campanhas e propostas você precisa fazer para cada venda. Compare seu *pipeline* com algum *case* já demonstrado para perceber como anda seu índice de conversão.

Para cada 20 propostas, espere ao menos 5 vendas.

ENCONTRE OS CLIENTES

Planeje para melhorar

Analisar seu *pipeline* de vendas e seus índices de conversão ajuda na identificação de seus pontos fracos. Procure aprender mais sobre os clientes potenciais que provavelmente passarão do estágio de interesse para o de discussão da possibilidade de comprar de você. Experimente usar diversas táticas em suas campanhas de vendas e aplique apenas aquelas que lhe renderem bons resultados. Arrisque com novas palavras e maneiras na hora de apresentar suas propostas e identifique as que geraram melhores resultados. Por fim, analise seu *pipeline* de vendas para descobrir quantas prospecções você precisa fazer para chegar a um número satisfatório de pedidos – e discipline-se para fazer prospecções suficientes para atingir suas metas de vendas.

Perfil do cliente Se você consegue identificar grupos específicos entre seus clientes em potencial – por exemplo, mulheres maduras que se mostram fortes candidatas a clientes –, você pode se focar nelas para começar seu processo de vendas.

3

Gerencie o processo de vendas

Para chegar a uma decisão de compra, os clientes potenciais passam por uma série de etapas até se sentirem prontos, racional e emocionalmente, para comprar. O trabalho do vendedor é ajudar e guiar o cliente nessas etapas. Este capítulo mostrará como fazer com que o cliente concretize a compra do produto. Os tópicos abordados neste capítulo são:

- Como planejar e executar com sucesso reuniões e telefonemas
- Como fazer propostas consistentes e efetivas
- Como diferenciar as boas prospecções daquelas que não funcionam
- Como gerenciar cada etapa do processo de vendas, desde a negociação até a chegada a um acordo

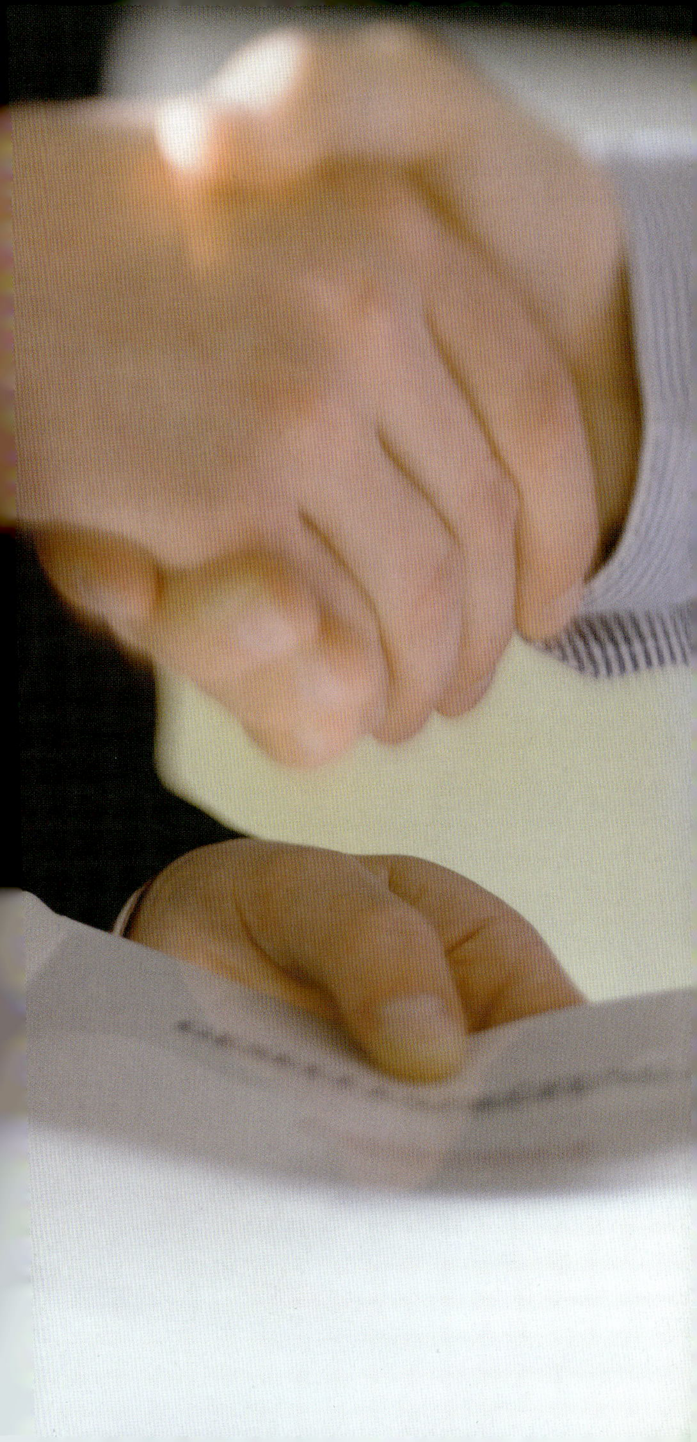

Defina o processo de vendas

O tempo que uma venda leva para ser concretizada pode variar consideravelmente. Mas, independente do quanto demore, os passos de cada processo são os mesmos.

Inicie o processo de vendas

Em alguns casos, você pode tentar concretizar o processo inteiro de vendas num primeiro encontro; já em vendas mais complexas, esse processo pode levar tempo maior – de seis meses a mais. Em todo caso, a chave para facilitar a situação é o preparo.

Antes de fazer contato com um cliente empresarial, descubra o quanto puder sobre ele. Use o relatório anual da empresa, referências importantes em livros e a internet para identificar:

- Os produtos que vendem e seus mercados
- A movimentação de vendas e os lucros
- Os principais concorrentes
- A estrutura de negócios
- Os executivos-chave da empresa.

Estes dados dão dicas úteis sobre quais produtos podem ser benéficos para o cliente e quais questões você deverá fazer em suas prospecções para descobrir as necessidades e requerimentos dele ao encontrá-lo.

O processo de vendas

Prepare-se
Reúna informações sobre o cliente e planeje a abertura do canal

⇩

Abra a venda
Descubra as necessidades e os critérios do cliente, as pessoas envolvidas e a posição financeira da empresa

⇩

Construa a venda
Decida a estratégia de venda, conheça as pessoas-chave e apresente sua solução

⇩

Faça uma proposta
Esquematize o que o cliente deveria comprar, os benefícios, termos e condições

⇩

Concretize a venda
Lide com as objeções e feche o pedido

> **Toda venda tem cinco obstáculos possíveis: falta de necessidade, falta de recursos, falta de pressa, falta de desejo e falta de confiança.**
> Zig Zaglar

Resuma sua posição

De acordo com o andar do processo de vendas, meça os avanços de seu desempenho colocando para cada área-chave a percentagem alcançada. Além disso, registre seus progressos num arquivo com o resumo de suas ações.

Mantenha esse arquivo atualizado conforme o andamento do processo de vendas. Quando todos os itens tiverem uma pontuação próxima de 100%, o cliente estará pronto para comprar. As áreas que devem ser consideradas são:

→ **Necessidade do cliente** O impacto e a urgência do pedido.
→ **Finanças** Mostra se o cliente pode justificar a compra e se tem dinheiro disponível para isso.
→ **Pessoas-chave** O quanto é fácil conhecer as pessoas-chave.
→ **Tempo para a venda** Quando o cliente está prestes a comprar.
→ **Solução** O quanto o produto vai ao encontro das necessidades do cliente.
→ **Base da decisão** O quanto o vendedor pode ir ao encontro dos critérios de compra do cliente.
→ **Praticidade** Para produtos complexos, o quanto é prático para o cliente implementar sua solução.
→ **Posição da concorrência** Analisar se você pode persuadir o cliente não somente a comprar, mas a fazê-lo somente de você.

Resumo da posição

- Necessidade do cliente
- Posição da concorrência
- Finanças — Fraco – precisa de mais ações
- Praticidade
- Pessoas-chave
- Excelente – nenhuma ação será necessária
- Base da decisão
- Tempo para a venda
- Solução

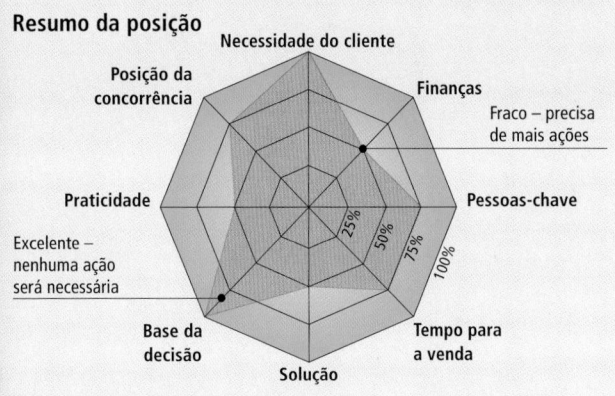

(25%, 50%, 75%, 100%)

Diagrama do radar Você pode descobrir como é útil registrar os resultados visualmente. Desta forma, pode se focar em qualquer padrão e ver com clareza quais áreas requerem mais ação.

Planeje o contato inicial de venda

No relacionamento entre quem vende e quem compra, o poder está sempre nas mãos dos clientes. Afinal de contas, são eles que decidem se irão ou não comprar. Você pode equilibrar essa relação com algo crucial: estando mais bem preparado.

Defina objetivos

O primeiro item a ser considerado numa ligação ou reunião é seu objetivo. Ele ajuda a descrever a situação na qual você quer estar ao fim do encontro. Às vezes, o objetivo será dar um passo grande em uma primeira ligação e fazer com que o cliente concorde em receber uma proposta por escrito. Em alguns casos, ele pode ser mais difícil de ser alcançado e você pode precisar convencer seu cliente a concordar que você tenha uma reunião com um executivo sênior para debater o assunto. Em todas as situações, seus objetivos devem ser mensuráveis: expressados de maneira que não deixe dúvidas se você os

Plano de vendas para reuniões

Objetivos do contato	
Quais os objetivos mensuráveis para este contato?	
Empresa	**Contato e posição**
Nome da empresa	Qual é o nome e o cargo da pessoa com quem você vai se encontrar?
Texto de apresentação	
Que palavras você usará para transformar o encontro em negócios?	
Objeções possíveis	**Reações**
Que reações o cliente pode ter que podem atrapalhar seus objetivos iniciais?	Como você responderá a estas objeções?
Materiais de apoio	**Referências de cliente**
Quais materiais de apoio você levará: *folders*, *notebook*, *slides*, artigos sobre o assunto em pauta.	Quais de seus clientes satisfeitos você pode usar como referência, e a quem seu cliente em potencial possa telefonar?

Plano de vendas Esteja preparado e com as informações essenciais em mãos para colocar no papel a estrutura do seu plano de vendas.

TÉCNICAS *para* praticar

***Role-play* é excelente para melhorar suas apresentações.** Peça a um amigo ou colega para que ele atue como se fosse o cliente, e pratique suas táticas de vendas e de oferta de serviços.

- Pratique como lidar com objeções. Se você treinar antes do encontro, isso o deixará mais habilidoso e confiante para agir.
- Se sentir que cometeu um erro, não tente começar de novo. Recomece do ponto em que parou, como se estivesse numa situação real.
- Peça *feedback* conforme você resumir ou fechar a reunião. E, então, use este retorno para ensaiar seus textos de apresentação de novo para aperfeiçoá-los.

alcançou ou não. Faça com que seus objetivos sejam bastante altos, mas ao mesmo tempo realistas – não espere, por exemplo, convencer alguém a fazer um grande investimento em apenas uma reunião.

Planos para aberturas

Tão importante quanto a primeira impressão que você causa no primeiro encontro é a maneira como transforma uma conversa corriqueira numa negociação concreta. Ensaie à exaustão para que você pareça confiante e seguro. Aqui, qualquer hesitação vai dar o controle para o cliente potencial. Sua apresentação deve explicar ao cliente por que você está lá, de maneira a conquistar a confiança dele. Se o encontro for um de uma série, a melhor abertura será resumir a situação até aquela data antes mesmo de sugerir a pauta da reunião. Em um contato inicial, você deve referir-se aos benefícios que outros clientes tiveram com seus produtos e serviços. Sempre finalize a apresentação com uma questão aberta para fazer com que a pessoa fale.

DICA Garanta o controle da reunião resumindo o encontro e fazendo perguntas ao cliente em potencial.

Abra a venda

Durante a crucial primeira ligação ou reunião, você deve ter dois objetivos: instigar o cliente a ponto de ele querer passar para a próxima fase e ter certeza de que o tempo que você despenderá nesta venda valerá a pena.

Entre em acordo quanto à programação

Comece com a programação. Inclua as áreas nas quais você procura por informações. São elas:
- Entender as necessidades do cliente em potencial
- Descobrir os critérios usados pelo cliente para avaliar suas propostas e as dos concorrentes
- Os dois lados chegarem à conclusão de que vale a pena levar o assunto adiante
- Entrar em acordo quanto ao processo que você e o cliente utilizarão para chegar a uma decisão
- Entrar em acordo quanto ao tempo de duração da campanha de vendas.

Lembre-se de que uma quebra na programação permite que ambas as partes reflitam se devem ou não dar continuidade ao processo de vendas. Caso, após ouvir as necessidades do cliente e a base da decisão, você acreditar que a chance de concretizar a venda é pequena, é melhor chegar a um acordo amigável nesse momento. Se o cliente concordar ativamente em continuar a reunião, será uma mostra de comprometimento.

> ### use a CABEÇA
>
> **Não tenha medo de fazer ao cliente perguntas desafiadoras. Você pode até acabar percebendo que ele está querendo se vender para você.**
>
> Tente fazer perguntas que as pessoas não esperam de um vendedor. No começo da reunião, por exemplo, pergunte por que ele concordou em recebê-lo. Isso pode revelar dados logo no começo do encontro e, geralmente, traz à tona *insights* interessantes para o processo de pensamento da pessoa.

Aberturas eficientes

ALTO IMPACTO
- Mostrar familiaridade com a empresa-alvo e seus produtos
- Parabenizá-lo pelas conquistas recentes da empresa
- Ser profissional e amigável com recepcionistas e funcionários da empresa

IMPACTO NEGATIVO
- Aparentar não saber nada sobre os negócios da empresa-alvo
- Fingir conhecer a empresa e ser pego "em flagrante"
- Tratar os funcionários juniores da empresa como se não fossem importantes

Construa interesse

O cliente potencial concordou em vê-lo, então você pode concluir que ele tem algum interesse em seu produto e nos benefícios percebidos. Construa este interesse durante o contato inicial assegurando ao cliente potencial – de maneira sucinta e clara – que sua proposta vai ao encontro de todas as necessidades dele e que ele terá benefícios com seus produtos e serviços.

- Resista à tentação de detalhar muito seu produto e suas ferramentas. Mantenha o foco no cliente e nas necessidades, desejos e preocupações dele.
- Responda às perguntas sobre seu produto de maneira positiva e sucinta. Se não souber a resposta, mude o curso da situação respondendo com outra pergunta.
- Incentive o debate citando uma publicação, como o relatório anual da empresa-alvo. Se está tentando vender um serviço corporativo de hospitalidade, por exemplo, e o relatório anual diz que 80% dos negócios deles são feitos com clientes já existentes, direcione suas perguntas para os detalhes de como se dá esse serviço e como eles cuidam desses relacionamentos.
- Dê exemplos curtos de quem já comprou seus produtos e descreva os benefícios que tiveram. Pergunte ao cliente potencial se benefícios semelhantes seriam bons para ele.

> **Pessoas de sucesso fazem as melhores perguntas – e, como resultado, obtêm as melhores respostas.** Abigail Van Buren

ABRA A VENDA

Reconheça o interesse de seu cliente potencial

Observe atentamente a linguagem corporal de seu cliente à medida que você mostra como seus produtos atendem às necessidades dele. Isso pode dar dicas importantes sobre o que realmente o interessa. A maioria das pessoas é educada e usará palavras que indicam interesse, independente do que sinta naquele momento. Entretanto, a linguagem corporal irá traí-los e revelar seus reais pensamentos.

Interessada Esta cliente está inclinada para a frente e com a mão no queixo, sugerindo que está concentrada e que pode estar considerando seriamente suas sugestões. Seus olhos estão alertas e o rosto tem expressão neutra.

Defensiva Desta vez a cliente cruzou os braços e afastou-se, em sinal de negatividade. Está contemplando o vazio, sugerindo tédio ou hostilidade. Peça *feedback* sobre o que está errado.

Receptiva Olho no olho e tomar notas são bons sinais. Olhe para o sorriso de canto de boca – esta pessoa quer ouvir o que você tem para dizer.

DICA Pergunte as necessidades, mesmo sabendo a resposta. Dê continuidade à reunião enviando *e-mail* ou carta com o resumo das intenções.

Estabelecendo as necessidades do cliente

Sem um pedido real, você ainda não tem uma campanha de vendas. Então, a primeira área a ser explorada na abertura do canal são as necessidades do cliente. Faça perguntas cuidadosamente, para saber o que ele deseja. Comece a partir da situação atual da área de interesse e descubra como o cliente opera sem seu produto. Depois, sonde se há alguma razão para que ele mude a atual maneira de trabalhar – isso pode trazer à tona uma necessidade. Se houver mais do que uma necessidade, continue a fazer perguntas até você ter todos os requisitos – e, aí sim, apresente suas soluções.

Resuma as necessidades

Para completar a fase "estabelecendo as necessidades", faça um resumo para sugerir que seus produtos e serviços podem atender aos anseios do cliente, trazendo-lhe benefícios. Se, por acaso, você estiver oferecendo um pacote de cursos de treinamento para engenheiros, seu resumo pode incluir os seguintes pontos:

> Estabeleça, direcione e resuma as necessidades do cliente

- A empresa-alvo precisa treinar 130 funcionários, mas não pode mantê-los longe do trabalho por uma semana devido à demanda de serviço.
- Os engenheiros querem participar, mas reservar tempo está difícil. De qualquer forma, eles passam bastante tempo no trânsito e podem aproveitar para usar um CD com o treinamento.
- A empresa quer que seus gerentes estejam envolvidos no treinamento, talvez então utilizem um guia para ajudar os engenheiros a usufruir ao máximo do processo.

O resumo fez uma ligação entre as ferramentas do produto – como o fato de o treinamento estar disponível em CD – com uma necessidade maior: um curso que não se restringe às horas trabalhadas ou não interfere no tempo livre. Faça uma pergunta de encerramento para ter algum comprometimento do cliente: "Esta é a lista de suas necessidades?"

Estabeleça as bases da decisão

Todo mundo está em busca de algo diferente num produto, mesmo que tenham as mesmas necessidades básicas, como um carro. Uma pessoa pode querer um carro pequeno o suficiente para que seu filho o estacione mais facilmente. Outra, pode necessitar de um carro que possa ser entregue antes de certa data. Identifique as bases de decisão de seu cliente durante a prospecção com uma simples pergunta: "O que é importante para você na hora de escolher qual produto irá comprar?" Ouça atentamente as razões, depois as repita para o cliente e pergunte, para fechar o assunto: "Entendi corretamente?" E assim ganhe confiança. Numa venda complexa, registre a base da decisão por escrito.

Faça um cronograma para o processo de compra

O recurso mais escasso para um vendedor profissional é seu tempo. Ele tenta tirar um pedido até certa data e entregar o produto em outra data marcada. Por isso, não podem perder tempo com clientes potenciais que no fim não irão comprar.

Defina critérios alternativos

Clientes geralmente começam pensando que seu principal critério é o preço – mas depois se arrependem de terem comprado um modelo por economia. Você pode ajudá-los a considerar seus critérios mais cuidadosamente ao fazer perguntas sobre a base de suas decisões em três áreas distintas:

→ **Financeira** Os clientes podem ter um orçamento, seja em função do que acreditam ser o que podem pagar ou porque a empresa ofereceu esse valor para o projeto.

→ **Funcional** Essa base de decisão mais técnica inclui assuntos como facilidade de uso e confiabilidade, além de outras características que o produto deve ter.

→ **Prático** O cliente pode querer ver quão fácil será usar este novo produto ou serviço. Um exemplo dentro de uma organização é: "As pessoas que terão de usar este novo produto estão prontas para mudar seus antigos métodos?"

DICA Utilize a base da decisão de venda para diferenciar você do vendedor que emprega uma aproximação menos direcionada.

É bastante útil chegar a um acordo sobre o cronograma para o processo de vendas: isso não só deixa documentadas as intenções para o vendedor e para o comprador, como também dá um tom de comprometimento ao cliente prospectado.

Trabalhe em conjunto

Na ligação ou reunião inicial, utilize um esboço de um cronograma como oportunidade para trabalhar com o cliente potencial na elaboração de um planejamento. Se você vende soluções complexas que levam tempo para ser implementadas – por exemplo, a instalação de um novo sistema de computação –, então estenda o prazo para incluir o esboço de um plano de implementação.

Ao chegar a um acordo no cronograma, você eliminará qualquer possibilidade de desentendimentos no futuro: o cliente saberá exatamente o que as campanhas integrais de vendas envolvem e quanto tempo será despendido nelas. Da mesma forma, essa tabela dá a certeza de que o vendedor sabe que suas metas são realistas para aquele espaço de tempo. As mudanças devem ser acertadas pelos dois lados e todos os *stakeholders* têm de ser informados sobre alterações.

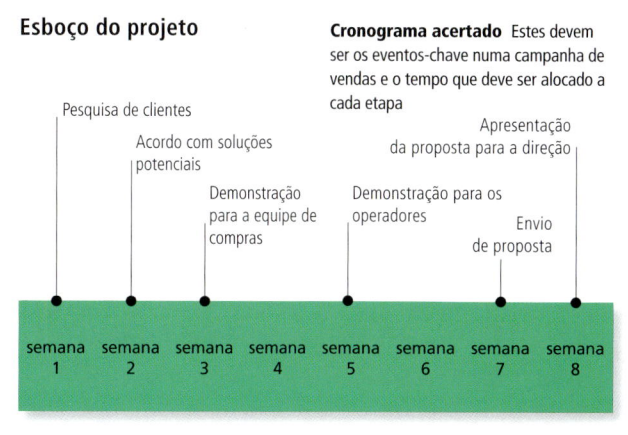

Esboço do projeto

Cronograma acertado Estes devem ser os eventos-chave numa campanha de vendas e o tempo que deve ser alocado a cada etapa

- Pesquisa de clientes
- Acordo com soluções potenciais
- Demonstração para a equipe de compras
- Demonstração para os operadores
- Apresentação da proposta para a direção
- Envio de proposta

| semana 1 | semana 2 | semana 3 | semana 4 | semana 5 | semana 6 | semana 7 | semana 8 |

ABRA A VENDA

Qualifique seus clientes potenciais

Logo após o contato inicial, uma venda profissional envolve a checagem para verificar se existe chance de o negócio se concretizar. Este processo é chamado de "qualificar o cliente potencial".

Investigue o ângulo financeiro

A primeira área a ser qualificada é a financeira. Quando você conversa com um corretor imobiliário, uma das primeiras perguntas que ele faz é: "Qual o seu orçamento?" Sua resposta irá "qualificá-lo" como cliente para determinado tipo ou valor de propriedade. Faça o mesmo quando estiver vendendo. Descubra o quanto antes as previsões de investimento do cliente. Se o valor estiver muito abaixo do esperado para seu produto, talvez você tenha de "desqualificar" o cliente imediatamente – de maneira educada, informe que não há nada que você possa fazer. Numa empresa grande pode ser mais complexo qualificar seu cliente: as finanças envolvem não somente orçamento, mas também processos que os gerentes precisam seguir, para o orçamento. Esse processo é, geralmente, policiado pelo departamento financeiro.

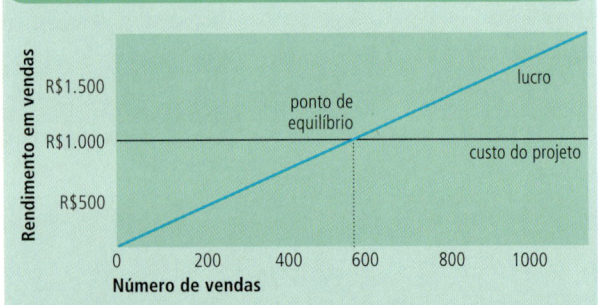

Qualificando com base no ponto de equilíbrio

Neste exemplo, o vendedor oferece um projeto a um custo de R$ 1.000. O benefício do cliente está em vender unidades extras de seu produto. O departamento financeiro calculou que os gastos do projeto serão cobertos com seiscentas vendas adicionais. O vendedor deve desistir se ficar claro que o cliente potencial não acredita que o aumento no número de unidades excederá as seiscentas.

Estudo de caso: indo direto ao topo

Roger era um representante de produtos farmacêuticos de um grande hospital. No entanto, o farmacêutico residente não deu qualquer sinal de que compraria seus produtos nem de que apresentaria Roger para o conselho de médicos que prescreviam os remédios. Então, sem pedir permissão, Roger contatou diretamente uma das conselheiras médicas. Ela ficou impressionada com o produto e na sequência fez um pedido de compra.

• *Roger percebeu que um médico segue critérios de compra diferentes do farmacêutico, cuja primeira preocupação é o custo. Entretanto, ele sabia por experiência própria que o farmacêutico se recusaria a apresentá-lo ao conselho médico.*
• *Ao procurar diretamente o conselho, Roger pôde ter acesso a quem decide e, com isso, ganhou mais autoridade em seu relacionamento com o farmacêutico.*

Conheça as pessoas-chave

A segunda área de qualificação é o acesso direto às pessoas certas dentro de uma organização. Você terá de trabalhar duro para conhecer as pessoas-chave responsáveis pela decisão de compra. Por exemplo, seu contato inicial pode tentar dissuadi-lo de conhecer o chefe do departamento, mas se for o chefe quem decide a compra, é vital que você o conheça. Afinal, a base da decisão dessa pessoa pode ser totalmente diferente da de seu contato original. Isso pode significar perder a compra porque seus produtos não estão indo ao encontro dos critérios de quem decide.

Empregue bons argumentos para explicar por que você precisa conhecer todas as pessoas-chave da empresa – aponte, por exemplo, que precisa saber exatamente o que cada um precisa, ou diga que você quer as pessoas-chave envolvidas neste processo porque elas farão parte do projeto de implantação.

> **Gaste tempo conversando com o cliente face a face. Você ficará impressionado em saber como muitas empresas não ouvem seus clientes.**
> Ross Perot

Identifique os *stakeholders*

Em algumas vendas, uma única pessoa é responsável pela decisão de compra; em outras, existe uma equipe encarregada. Se, por acaso, houver diversos membros envolvidos, sua campanha precisará se direcionar para as preocupações de cada *stakeholder*, para assim conquistar uma impressão favorável.

→ Durante a ligação inicial, pergunte a seu contato quem exatamente estará envolvido. Sugira que ele o apresente aos principais *stakeholders*.

→ Numa venda complexa, principalmente quando uma nova tecnologia está envolvida, a equipe de compradores pode ter vários *stakeholders* representando suas áreas de competência – seja técnica, financeira ou gerencial. Foque sua venda na área mais relevante do produto dependendo com quem você estiver lidando.

→ Considere o exemplo de um fornecedor de tecnologia que está oferecendo um novo sistema de informática para uma empresa. A equipe de compra inclui os seguintes *stakeholders*, cada um representando sua área.

O responsável pela decisão Ele é o sênior do grupo. Tente fazer o contato inicial com essa pessoa. Se necessário, consiga uma reunião entre seu gerente sênior e o da empresa-alvo para aumentar o nível de contato entre vocês.

O especialista em finanças É responsável por vetar investimentos em negócios. Apresente a análise de custo-benefício a essa pessoa.

Conselheiro técnico Confirma se a tecnologia serve para a organização. Mostre como seu produto ajudará a alcançar os objetivos da empresa.

Gerente funcional Responsável pela implantação do sistema. Mostre-lhe como os benefícios de seu produto podem ser atingidos.

Use seus contatos efetivamente

ALTO IMPACTO
- Ter acesso a todas as pessoas-chave da equipe de compras
- Conversar com pessoas decisivas da empresa-alvo durante o processo
- Ajudar o cliente a fazer uma análise do custo-benefício de seu produto

IMPACTO NEGATIVO
- Ter acesso apenas aos conselheiros técnicos
- Conversar com os compradores num nível mais baixo do que seus concorrentes
- Evitar conversar com o departamento financeiro da empresa-alvo.

Use o teste de conclusão

O teste de conclusão é uma técnica poderosa que o ajudará a qualificar seu cliente, a mensurar progressos e a descobrir o que é preciso fazer para fechar o negócio. O teste dá uma condição e depois você finaliza com a pergunta: "Se o produto chegar a você até quinta-feira, podemos fechar o negócio agora?", por exemplo, ou: "Se atendermos a seus critérios de compra, você vai fechar negócio conosco?" Use o teste de conclusão para, geralmente no início do contato, você estabelecer se há intenção de compra do cliente, além de poder ver expostas as possíveis objeções. Este exame mantém o relacionamento amigável e o ajuda a não desperdiçar tempo.

use a CABEÇA

Você pode usar uma variação desse teste de conclusão para sutilmente checar se não está oferecendo um produto acima da necessidade do cliente.

Por exemplo, se você geralmente usa um serviço de entrega caro, é melhor verificar se ele é realmente necessário: "Se a encomenda chegar em duas horas, isso o deixará mais feliz para assinar o contrato?" O cliente pode dizer que tanta pressa não é necessária. Ao assumir que nem todos precisam de entrega rápida, você estará poupando uma significativa quantidade de dinheiro e dores de cabeça.

Complete o contato inicial

O fim do contato inicial marca o começo de um plano de vendas. Certifique-se de que você tem todas as informações necessárias para construir o plano e então finalize-o com uma nota positiva para destacar os próximos passos.

Acerte um plano de ação com o cliente potencial

Quando sentir que já tem toda a informação necessária, faça um resumo do que aprendeu durante o contato inicial com o cliente. É quase certo que haverá um ou dois erros de compreensão. O resumo oferece ao cliente a oportunidade de corrigir esses erros. Finalize o resumo com uma pergunta fechada para chegar a um acordo, tal como: "Este resumo está de acordo com nosso encontro?" Se o cliente concordar, passe para o plano de ação. Ele envolverá outras pessoas; acerte com o cliente para que ele tenha uma ação apresentando-o para as que você não conhece, seja pessoalmente, por *e-mail* ou carta. Embora a maioria das ações seja de sua responsabilidade, faça com que o cliente tenha ao menos uma ação para realizar, mostrando sinal de comprometimento com o negócio.

Fique de olho na concorrência

Ao fim do contato inicial, traga à pauta o assunto da concorrência. Se você sabe que há concorrentes envolvidos, então pode fazer a seguinte pergunta aberta: "Como estão indo nossos concorrentes?" Se ainda não conseguiu detectar se tem ou não competidores no

---

5 em apenas MINUTOS

Às vezes, após uma reunião de vendas, você pode achar que não reuniu todas as informações necessárias.

Se estiver sem tempo ou falhou na hora de anotar um dado importante, tente uma das soluções propostas.

• Mande *e-mail* ao cliente com suas conclusões para ver se elas estão corretas.
• Envie uma carta com o resumo do encontro e peça a ele para inserir quaisquer informações faltantes.
• Peça a alguém da empresa-alvo a informação de que você precisa.

Informações essenciais para o plano de vendas

ÁREA	INFORMAÇÃO QUE VOCÊ DEVE TER
Necessidade do cliente	O que o cliente precisa, o problema que isso causa e os benefícios ao achar a solução
Financeiro	A verba disponível e o processo de avaliação financeira
Pessoas-chave	Nomes das pessoas-chave envolvidas na decisão e o papel que desempenham
Cronograma	Uma estimativa de quando o cliente tomará a decisão e de quando você espera entregar os produtos e serviços
Solução	Um esquema do que você irá propor como solução para a necessidade do cliente
Base da decisão	Como o cliente irá julgar a sua proposta em relação ao custo, funcionalidade e praticidade
Praticidade	Um caso que mostre claramente que você e o cliente podem implantar a solução
Posição da concorrência	Saber quem é a concorrência, a principal razão pela qual eles foram consultados e em que estágio estão

caminho, faça uma indagação fechada do tipo: "Você vai envolver outros fornecedores?" Esta aproximação permite que você sonde a informação.

Alguns clientes vão falar abertamente sobre a concorrência, por isso, é vital sondar o terreno – afinal de contas, eles também falarão de você para seus adversários. Algumas pessoas são mais discretas em relação a suas atividades com seus concorrentes, mas a maioria vai, ao menos, dizer o que perceberam de mais vantajoso em cada competidor. Esta é uma boa hora para demonstrar confiança absoluta de que você não só pode entrar na concorrência como pode também ganhá-la. Use uma campanha recente que você ou sua empresa ganhou para ilustrar sua segurança. Mostre que você vai gostar da concorrência mais do que se amedrontar.

> **Faça com que seus produtos sejam mais fáceis de ser comprados do que os de seu concorrente, ou você verá seus clientes comprando deles.**
> Mark Cuban

Resumo: o contato inicial

As primeiras impressões são as que mais marcam – e isso certamente é verdade quanto à apresentação inicial. A maneira como você se apresenta, resume seu produto e responde a cada cliente potencial pode decidir se ele se tornará um cliente real. Mas o primeiro contato também oferece a oportunidade para você "qualificar" o cliente: para verificar se ele tem condição ou interesse em fechar um negócio.

Plano de ação

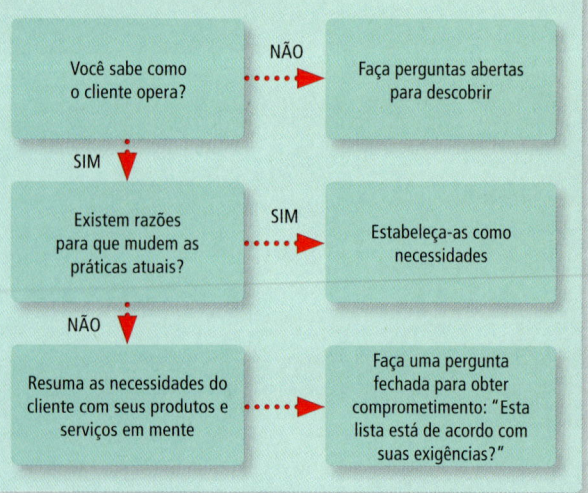

1 Identifique as necessidades de seu cliente potencial

- Você sabe como o cliente opera? **NÃO** → Faça perguntas abertas para descobrir
- **SIM** ↓
- Existem razões para que mudem as práticas atuais? **SIM** → Estabeleça-as como necessidades
- **NÃO** ↓
- Resuma as necessidades do cliente com seus produtos e serviços em mente → Faça uma pergunta fechada para obter comprometimento: "Esta lista está de acordo com suas exigências?"

3 Entre em acordo quanto ao plano de ação

- Resuma o encontro → Faça uma pergunta fechada para obter comprometimento: "Este resumo está de acordo com nossa reunião?"

GERENCIE O PROCESSO DE VENDAS

2 Qualifique seu cliente potencial

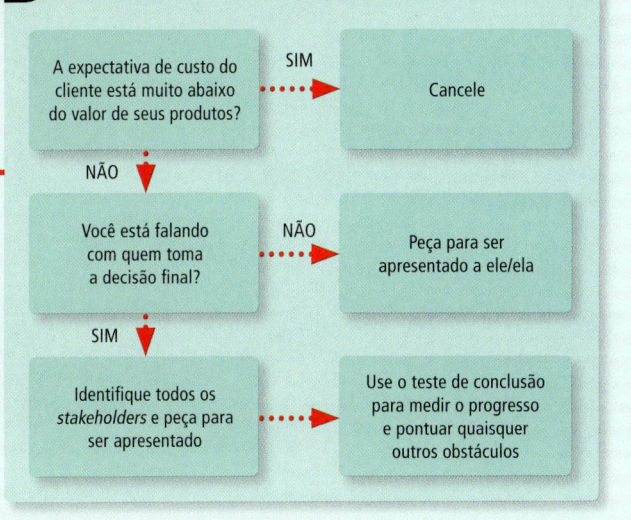

- A expectativa de custo do cliente está muito abaixo do valor de seus produtos? —**SIM**→ Cancele
- **NÃO** ↓
- Você está falando com quem toma a decisão final? —**NÃO**→ Peça para ser apresentado a ele/ela
- **SIM** ↓
- Identifique todos os *stakeholders* e peça para ser apresentado ·····→ Use o teste de conclusão para medir o progresso e pontuar quaisquer outros obstáculos

Pergunte sobre seus concorrentes e mostre segurança de que vai superá-los ·····→ Acerte com seu cliente as ações que vocês precisarão realizar

RESUMO: O CONTATO INICIAL 63

Construa a venda

Uma vez que tenha reunido toda informação de que precisa, você estará em posição de traçar a estratégia de venda. Faça um planejamento metódico para transformar um interessado em cliente.

Estabeleça a estratégia de venda

Uma estratégia de venda é seu mapa para concretizar o negócio. Decida o que você e o cliente devem fazer para chegar a um acordo. O resultado será uma lista de ações que formam a base da estratégia. Ao lado de cada ação coloque um marco – ou seja, o que a ação deve atingir. Depois, nomeie alguém para ser responsável por alcançar o marco e o prazo para isso. É possível já estabelecer a parte inicial da estratégia logo após o primeiro encontro com o cliente. Depois, as ações acabam emergindo conforme o andamento do negócio.

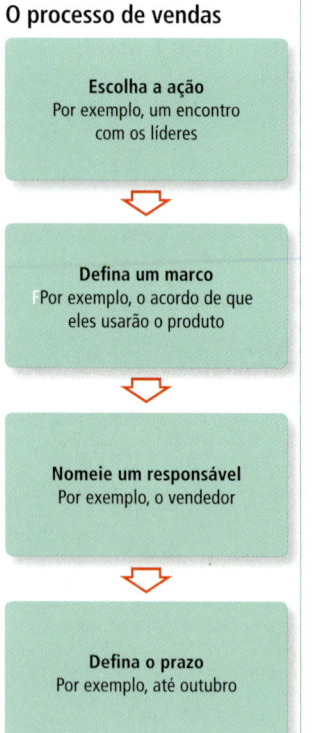

O processo de vendas

Escolha a ação
Por exemplo, um encontro com os líderes

⇩

Defina um marco
Por exemplo, o acordo de que eles usarão o produto

⇩

Nomeie um responsável
Por exemplo, o vendedor

⇩

Defina o prazo
Por exemplo, até outubro

Demonstre

Faça demonstrações para construir a venda. Certifique-se de que você chamou as pessoas certas para assistir às apresentações. É também útil incentivar os possíveis consumidores finais a experimentar os produtos, tática que pode influenciar a pessoa com poder de decisão de compra. Ensaie demonstrações para que elas ocorram natural e profissionalmente: uma demonstração pobre pode prejudicar muito mais do que beneficiar.

Cercar os marcos

Conforme define sua estratégia, lembre-se de que vender é um processo passo a passo. Certifique-se de que o cliente esteja satisfeito com cada etapa do percurso antes de seguir adiante.

Um cliente potencial não tomará a decisão de compra até que ele tenha determinado que o produto é necessário, e que atende aos critérios da empresa, está dentro dos custos e agrega valor. Em cada ponto, você deve estimular o lado emocional do cliente para que ele chegue à decisão final:

→ Verifique se o cliente está satisfeito em todos os estágios – a cada ponto que discutir, pergunte: "Podemos seguir adiante?"
→ Se ele ainda tiver considerações a fazer, descubra os obstáculos antes de seguir em frente. Ambos perderão menos tempo se você já detectar as objeções.

Este processo é conhecido como "cercar os marcos" e o ajuda a avançar a campanha de vendas. Também o alerta caso o cliente esteja interessado nos produtos ou serviços do concorrente. Se ele disser: "Esperava que tivesse um *timer* automático", provavelmente ele já viu o modelo do concorrente.

Explore e toque Incentive o cliente a manusear seus produtos e ter boa noção de todas as características dele.

Identifique uma Proposta Única de Venda

Seu produto provavelmente terá uma ou mais características únicas que não estão disponíveis em outros concorrentes. Entretanto, uma característica singular só equivalerá a uma Proposta Única de Venda (PUV) se, e somente se, o cliente puder traduzi-la em benefício. Mantenha o foco no "valor" que sua proposta oferece. Por exemplo, se você é líder no mercado, o "valor" pode surgir de uma experiência consistente na entrega e suporte ao produto que você vende – seus consumidores podem esperar, então, uma implantação tranquila e sem riscos.

Espere para promover sua empresa

Há dois momentos-chave na campanha de vendas em que é apropriado dizer ao cliente por que ele deve escolher sua empresa. O primeiro é logo no começo, quando você precisa provar sua credibilidade de fornecedor confiável. O segundo é quando o cliente está perto de fechar o negócio. Um interessado passa por um processo passo a passo antes de tomar a decisão:
- Será que preciso e quero o produto?
- Será que preciso e quero isto mais do que qualquer outro produto semelhante?
- De qual organização devo comprar?

Deixe claro o "por que a minha empresa" somente quando o cliente estiver nesse estágio da negociação.

---

use a CABEÇA

Pense além dos diferenciais do produto ao trabalhar com uma Proposta Única de Venda – seja criativo.

Sua empresa, clientes e serviços de pós-venda são todos únicos. Peça a alguém – como seu diretor – para agregar valor a sua oferta, talvez oferecendo ao cliente uma garantia pessoal de satisfação do consumidor. Peça a um cliente satisfeito para escrever a seu cliente potencial. Ou, então, peça a um colega relevante – como um gerente de manutenção – para explicar como o cliente se beneficiará de seu eficiente serviço de pós-venda.

Estudo de caso: enfrentando uma PUV

Arun, um pequeno construtor, estava concorrendo à reforma de um restaurante da cidade. No entanto, durante as discussões, ele percebeu que Gilda, a cliente, favorecia um dos concorrentes. Ele perguntou o porquê e ela disse que esse fornecedor era da cidade, enquanto Arun era de outra região. Gilda estava preocupada que a distância pudesse atrasar o trabalho ou lhe custar material e ferramentas extras. Arun decidiu pedir a um cliente antigo, localizado a mais de 50 km de sua sede, que telefonasse para Gilda e assegurasse a ela que seu projeto nunca sofreu nenhum atraso devido à falta de materiais ou pela distância. Gilda, no fim, acabou passando o trabalho para Arun.

• *Ao ser proativo e fazer perguntas, Arun pôde sanar as dúvidas de Gilda e identificar qual era a Proposta Única de Venda de seu concorrente – neste caso, a localização. Isso o ajudou a direcionar o negócio de maneira que ele pôde romper o obstáculo – e até levar vantagem.*
• *Ao pedir a um cliente – que ficava mais distante do que Gilda – para telefonar, Arun agregou valor a sua posição, o que foi determinante para ganhar a concorrência.*

Crie empatia

Procure por similaridades entre sua empresa e as atividades de seu cliente potencial. Vocês estão localizados no mesmo país ou cidade? Têm o mesmo tamanho? Talvez ambos estejam voltados para o mesmo mercado. Faça apresentações ou ofertas fortes apontando essas similaridades – isso tem o efeito de criar empatia. As pessoas compram de pessoas que entendem seus problemas e que tentam resolvê-los. Então, mostre a seus clientes que você simpatiza com a causa deles porque está enfrentando os desafios da mesma forma.

DICA **A melhor hora para tentar vender os benefícios de sua empresa é quando o cliente pergunta: "Por que devo comprar de você?"**

CONSTRUA A VENDA

Faça a proposta

Em algum ponto da campanha de vendas, você deve colocar sua proposta por escrito. Faça isso depois que você e o cliente já tenham passado algum tempo juntos. A proposta deve confirmar aquilo que já foi dito.

Escreva sua proposta

O objetivo de uma proposta por escrito é confirmar o que você acha que o cliente deve comprar e quais benefícios ele terá. Isso também define os termos e condições de sua oferta de venda.

Tenha a certeza de que a proposta é a mais clara possível e coloque o nome da pessoa com quem tem falado no documento. Se, por exemplo, você está vendendo um revestimento duplo para os ocupantes de um pequeno espaço da empresa, deixe registrado quem concordou que os gastos com aquecimento iriam diminuir. Independente de ser o gerente ou o controlador financeiro, o benefício parecerá muito mais persuasivo se vier com a observação de um funcionário da empresa. Crie o maior número possível de documentos como este.

TÉCNICAS *para* praticar

Manter a informação curta e direta é uma habilidade que vale a pena aprender. Para praticar essa habilidade, pegue uma proposta antiga ou artigo de uma revista e divida-a em duas partes.

1 Antes de começar a dividi-lo, certifique-se de que priorizou os fatos e as informações essenciais.

2 Tire dali quaisquer informações irrelevantes ou repetidas. Isso só reduzirá o impacto do que está tentando dizer.

3 Analise cada ponto e veja se você precisa sabê-lo, se deveria sabê-lo ou se é legal sabê-lo. Fique com o que precisa – os outros não são importantes num espaço tão pequeno.

4 Coloque os pontos mais importantes logo no início do texto para prender a atenção do leitor.

Estruture sua proposta

O objetivo da proposta por escrito é garantir o comprometimento do cliente com a compra. Para ter certeza de que sua proposta é persuasiva, você deve aprender a estruturá-la corretamente.

Antes de começar, certifique-se de ter reunido todas as informações necessárias com o cliente, de ter discutido com ele o produto ou serviço oferecido e como isso o beneficiará. Então, utilize este processo de sete etapas para estruturar sua proposta:

→ **Histórico da proposta** – é o registro das atividades que você e o cliente fizeram para chegar a este estágio. Deve mostrar conhecimento do cliente e de suas atividades, mencionando as pessoas-chave que você conheceu.

> A proposta é a confirmação por escrito dos acordos feitos até o momento

→ **As necessidades do cliente** – declaração das necessidades do cliente com a indicação, se possível, do custo de não fazer nada. Tente refletir aqui a urgência dessas necessidades.

→ **A base da decisão** – mostra que você entendeu os critérios que o cliente utiliza para tomar a decisão.

→ **Sua proposta** – esta é uma simples declaração, nos termos do cliente, do que você está propondo que ele compre. Evite jargões.

→ **Benefícios** – liste o valor agregado que o cliente terá com a compra. Inclua, se possível, os benefícios financeiros assim como outros menos tangíveis. Onde você estiver afirmando quais os benefícios à empresa, coloque o nome do representante do cliente que concordou com eles.

→ **Plano de implantação** – declaração importante sobre as datas e os marcos definidos num projeto complexo ou um simples registro de prazos de entrega se isso for todo o necessário.

→ **Ação recomendada** – por fim, recomende quais ações o cliente deve tomar para aceitar a proposta.

FAÇA A PROPOSTA

Apresente sua solução em vendas

Frequentemente será dada a você a oportunidade de apresentar sua proposta para um comitê ou diretores com poder de decisão. Cause boa impressão: um desempenho profissional vai garantir esta e muitas outras vendas.

Conheça seu público

O desafio de uma apresentação final de vendas é conhecer as diferentes necessidades de seu público, que pode variar das pessoas de finanças às áreas técnicas. Verifique quem está presente – e quais seus interesses –, mas faça sua apresentação com foco em quem decide. Por exemplo, se um técnico fizer uma pergunta detalhada, pergunte ao decididor se não é melhor responder aquela questão depois da apresentação. Procure sinais de distração: se o tomador de decisão parecer ter perdido o interesse, pare e pergunte a ele ou ela o que gostaria de comentar na próxima etapa da reunião.

Estrutura e *timing*

Tenha sempre certeza de que não ultrapassou o horário estipulado para a apresentação. Planeje seu tempo para chegar ao tema "Ação recomendada" cerca de um quarto antes de a reunião acabar. Se foi dada uma hora,

DICA Utilize imagens que são explicativas e adicione mais volume a sua apresentação.

---

5 em apenas MINUTOS

Apresentações eficientes são direcionadas ao público. Então, como você deve reagir se andar pela sala e vir que há mais gente do que estava esperando?

- Descubra quem são para que você possa ajustar sua apresentação.
- Peça ao menos cinco minutos para ajustar sua apresentação e sugira uma pausa enquanto isso.
- Tire qualquer informação que possa parecer controversa ou desinteressante para o público.
- Certifique-se de que a apresentação ainda está concentrada na pessoa mais importante no processo de decisão da compra.

Apresentação de soluções eficientes

ALTO IMPACTO
- Use exemplos reais tirados dos negócios da empresa
- Explique a estrutura de sua apresentação e pergunte se todos estão de acordo com ela
- Incentive que perguntas sejam feitas a qualquer momento

IMPACTO NEGATIVO
- Passar muito tempo explicando seus produtos
- Deixar as pessoas imaginando sobre o que será sua apresentação e quanto tempo levará
- Fazer com que o público sinta que não deve interromper

---

por exemplo, tente fazer com que todos concordem com os próximos passos após 45 minutos. Isso deixa tempo para o debate e, se você alcançar seus objetivos antes, todos estarão satisfeitos. Estruture a apresentação de acordo com a mesma linha de uma proposta:

- Histórico da proposta
- Necessidades do cliente
- Base da decisão
- Sua proposta
- Benefícios
- Plano de implantação
- Ação recomendada

> **Mantenha o foco de sua apresentação no cliente**

Comunique de maneira sucinta

O principal inimigo do sucesso de uma apresentação é o tédio. Por isso, sempre observe as reações de seu público. Assegure-se de que a conversa está interessante e envolvente e retire tudo que pareça supérfluo.

- Mantenha a apresentação curta. Uma vez que alcançar seu objetivo, pare de falar.
- Prefira usar a fala em vez de recursos escritos – e tente variar o tom de sua voz.
- Faça uma pausa usando um ou mais tipos de recursos visuais e caminhe pela sala – tente começar sentado e depois se levante para dar ênfase a um assunto.

use a CABEÇA

A maioria dos potenciais clientes acredita que o vendedor quer fazer apresentações para ganhar confiança. Tente uma aproximação mais sutil perguntando a eles o que esperam da apresentação.

Se o interessado disser que já entendeu a proposta, pergunte se ele concorda que, para economizar tempo, é melhor fazer o pedido. Este método inusitado de questionar pode ganhar um fechamento de pedido sem a necessidade de uma apresentação ou pode clarear qualquer objeção que a equipe de compras gostaria de levantar.

Faça uma exposição segura

Clientes costumam comprar de vendedores que mostram segurança de que suas propostas de solução são uma aposta certa e um bom gasto do dinheiro. Por isso, a exposição segura é essencial. Você pode ganhar confiança ensaiando sua apresentação e fazendo uma abertura assertiva e confiante. Imagine que está no final da apresentação para um quadro de diretores e que seu objetivo é fechar um pedido de compra. Você pode mostrar confiança com a seguinte abertura:

"Obrigado pela oportunidade de apresentar nossa proposta. Nesta próxima hora pretendo:
- Dar um rápido panorama de nossa proposta
- Perguntar se vocês estão prontos para seguir adiante conosco
- Passar o tempo que sobrar conversando sobre entrega e implantação. Tudo bem para vocês?"

Isso significa que o público está ciente de seu objetivo, e a resposta dele dará boa dica de como prosseguir com a apresentação.

DICA Tenha certeza de que pode mostrar seus recursos visuais usando a tecnologia disponível no local.

Abra espaço para discussão

Coloque-se no lugar do público na apresentação final. Eles vão achar difícil tomar uma decisão se você estiver na sala. É mais provável que o chefe agradeça sua presença e diga que irão discutir a proposta depois do encontro. Ele gostará de ouvir a opinião de seus colegas – mas isso significa que talvez não tomem a decisão naquele dia. Contorne a situação dizendo ao final da apresentação que você os deixará um tempo a sós e depois voltará para conhecer a posição deles. Isso os deixará mais confortáveis, pois saberão que podem discutir a proposta entre si, mas mantenha a pressão para que eles tomem a decisão naquele mesmo dia.

Cause impacto Recursos visuais ajudam a ilustrar conceitos difíceis e deixam os pontos principais memoráveis. Mantenha a apresentação visual simples e limpa – use cores fortes para que possam ser vistas à distância.

APRESENTE SUA SOLUÇÃO EM VENDAS

Negocie termos melhores

Já próximo do fim do processo de vendas, seu cliente e você irão discutir os termos e as condições da venda e negociar um acordo. Negocie firmemente pelos melhores termos possíveis.

Identifique os tópicos

Quando você vende uma cobertura para jardim, o cliente estará interessado em diversos assuntos, como qualidade e preço. Ele pode tentar negociar o frete e o serviço de instalação gratuitos. Você pode se preparar para a negociação definindo um objetivo específico, com ações mensuráveis, para todos os termos e condições da venda. O preço da cobertura é uma medida tangível, mas você e o cliente precisam decidir como mensurar a qualidade – talvez o suporte possa ser protegido contra chuva, por exemplo. Faça uma lista de todos os tópicos envolvidos na negociação e trabalhe seus objetivos e medidas para cada um.

Estabeleça objetivos

O objetivo de uma negociação é chegar a um acordo sobre como proceder e resolver os conflitos de interesse. Talvez o cliente queira que você – um fornecedor para cozinhas – encaixe as peças usando as mesmas pessoas que as fabricaram. Você quer que eles utilizem mão-de-obra não especializada para reduzir custos e permitir que o pessoal da fábrica continue produzindo.

O impacto dos descontos

Ao negociar o preço, lembre-se de que mesmo um pequeno desconto pode ter impacto grande sobre seu lucro. Use este exemplo de um vendedor de seguros, a quem foi pedido um desconto de 10%:

ACORDO SEM DESCONTO		ACORDO COM DESCONTO DE 10%	
Seguro Premium	$1.000	Seguro Premium com desconto	$900
Custo do seguro	$800	Custo do seguro	$800
Lucro bruto	$200	Lucro bruto	$100
Despesas	$50	Despesas	$50
Lucro líquido	**$150**	**Lucro líquido**	**$50**

Ganhe confiança na negociação

Prepare a fundo todos os assuntos que a proposta pode abordar e deixe suas respostas prontas. Isso o ajudará a responder positivamente às concessões que você antecipadamente percebeu que o cliente pediria. Se falar com confiança, sua posição estará fortalecida durante a negociação.

→ Concentre-se logicamente num tema de discordância – se o cliente pedir que a garantia seja estendida gratuitamente enquanto você quer cobrar por isso.
→ Dê ao cliente motivos para aceitar seus termos: explique que pode ser injusto com outros clientes se você variar sua política nesse caso.

Ensaie sua resposta para possíveis objeções em frente a um espelho e preste atenção em sua linguagem corporal. Ela está positiva? Você está sorrindo no momento oportuno?

Somente faça concessões que lhe sejam favoráveis tomando como referência uma destas três medidas para cada objetivo:
- O resultado ideal – o comprador contrata outra empresa para montar a cozinha.
- Um resultado que você acha aceitável – um montador menos qualificado faz a montagem.
- O pior resultado aceitável – um carpinteiro supervisiona a montagem da cozinha pelos montadores não qualificados.

O comprador pode, então, ser avisado de que você acha a negociação malograda e irá desistir se ele insistir em utilizar os carpinteiros para fazer a instalação.

DICA Diga "não" sorrindo – isso ajuda a evitar a negatividade em conflitos durante uma negociação.

TÉCNICAS *para* praticar

A capacidade de se manter calmo durante a negociação é uma habilidade imensurável tanto na vida profissional como pessoal.

As pessoas geralmente traem seus sentimentos durante discussões ou negociações com amigos e família. Por exemplo, elas acabam demonstrando frustração quando não conseguem ver o filme que querem ou quando saem mais cedo de uma festa. Se ficar calmo, não só irá fortalecer sua posição como também conseguirá resultados positivos ao lidar com situações de conflito.

1 Se estiver se sentindo tenso, vá com mais calma, respire fundo.
2 Tenha certeza de que sua linguagem corporal é relaxada e positiva. Mantenha o contato visual, a voz calma e uma expressão amigável. Pratique isso em frente a um espelho.
3 Seja afirmativo e pontue claramente suas posições, mas não use agressão, intimidação ou chantagem emocional.

Identifique necessidades e desejos

Perceba diferença entre o que seus clientes querem e o que precisam. Imagine que está vendendo impressoras para computador, por exemplo, e um interessado precisa de uma em preto-e-branco para os documentos da empresa. Ele também quer que a máquina tenha escâner colorido para poder enviar as fotos de suas férias para a família. Separar as necessidades dos desejos pode ajudar a fortalecer sua posição na negociação. Se, por exemplo, é a empresa que está pagando, o potencial cliente está mais propenso a satisfazer o desejo; se é o dinheiro dele em jogo, talvez você tenha de vender a impressora mais barata.

DICA Seja amigável, mas profissional – ser generoso demais em suas concessões não necessariamente fará com que o cliente retribua da mesma forma.

Faça e receba concessões

Faça com que todas as concessões e proposições sejam condicionais – não dê nada de graça. Ceder sem receber nada em troca estabelece um precedente perigoso que o cliente pode explorar na próxima vez. Isso também significa que ele ficará seguro de que você sempre pode dar mais, pois, se pode mudar um pacote em favor dele e ainda ter um acordo aceitável, quanto mais será que ele pode apertá-lo para ter o quer? Se um vendedor faz isso duas ou três vezes numa negociação, o cliente começará a suspeitar que o acordo original era injusto e que o fornecedor já sabia disso. Isso dá margem para ressentimentos e coloca as vendas futuras em risco.

Estabeleça condições

Considere as duas situações seguintes para fazer concessões e observe as diferentes respostas que cada uma gera:

- "Se você concordar em retirar o produto de nosso armazém, adicionaremos um *timer* automático gratuitamente."
- "Podemos, acredito, adicionar o *timer*."

No primeiro caso, o cliente levará em consideração como retirar o produto e depois talvez ceda à oferta. No segundo, tudo o que o cliente precisa fazer é aceitar a proposta e seguir em frente. Se apenas depois você pedir para ele retirar os produtos, o cliente ainda pode pedir por mais concessões.

Chegue a um acordo

> Tome nota enquanto o cliente comenta seus pedidos – não o interrompa e tenha certeza de que tudo está sendo coberto.

⇩

> Estabeleça seus objetivos com um resultado ideal para você – comece alto, mas não irrealisticamente alto.

⇩

> Procure por maneiras de conciliar os pedidos do cliente com seus objetivos, assim não terá de fazer concessões.

⇩

> Faça concessões com relutância e sempre use uma afirmação condicional que busque algo em troca.

Agarre o acordo

O clímax em qualquer venda acontece quando o pedido é feito. Você pode fechá-la de maneira profissional e utilizar uma boa técnica de encerramento de negócios.

Feche com eficiência

Se você acha que chegou a hora de o cliente tomar uma decisão, use o resumo de fechamento para direcioná-lo: resuma a situação e ajude-o a chegar a uma conclusão de maneira lógica. Esteja com o contrato ou formulário para pedido em mãos, pronto para ser assinado. Se ele ainda estiver relutante em fechar o acordo:

- Peça a ele para listar as objeções, depois certifique-se de que a lista está completa com uma pergunta fechada: "Se eu puder responder a todos esses pontos satisfatoriamente, você estará pronto para fechar o pedido?"
- Responda aos pontos levantados, um a um. Ao fim de cada tema, pergunte se sua resposta foi satisfatória.

Se, ao chegar ao fim da lista, o cliente não tiver mais objeções, fale sobre o pedido de novo. Continue tranquilo e amigável, mas persistente – afinal, é para fechar o negócio que ambos estão ali.

Seja positivo Agradeça ao interessado calorosamente, independente do resultado. Se você sair em bons termos, a probabilidade de comprarem com você no futuro é maior.

Lidando com objeções de preço

Não desista se o cliente rejeitar o seu preço logo de cara. Ele pode estar simplesmente negociando, por isso, mantenha-se firme e profissional e explore as objeções aos poucos. Considere a seguinte situação:

- → **Cliente**: "Desculpe, mas seu preço é muito alto. Posso ter o mesmo produto 15% mais barato com um concorrente."
- → **Vendedor**: "Se estivéssemos oferecendo o produto pelo mesmo preço, você compraria de nós?"
- → **Cliente**: "Sim, acredito que compraria."
- → **Vendedor**: "Por quê?"

Neste momento, o interessado pode listar as vantagens que você oferece – como se estivesse vendendo a proposta para você. Se ouvir que ele prefere o concorrente mesmo que você ofereça o mesmo preço, pergunte também "por quê?" e tente cobrir quaisquer objeções.

Lide com as objeções

Ao estar com um cliente descomprometido, faça uma pergunta de fechamento para descobrir por quê. Use a informação para desfazer as preocupações dele e realizar a venda. Pratique fazendo uma pergunta de fechamento ao fim de cada etapa do processo:

- "E então você está procurando por uma ferramenta para cavar fossos a 1,5 m no solo, mas precisa que ela caiba na carreta de seu caminhão?"
- Depois, repita ao cliente estes acordos resumidamente e o ajude a chegar a uma decisão.

Muitos chegam a situações incríveis, muito atrativas, mas não fazem o suficiente para fechar o acordo. Não é bom sinal se você não conclui a venda.

Donald Trump

AGARRE O ACORDO

Proteja seu tempo

O tempo é a *commodity* mais valiosa do vendedor. E ele é facilmente desperdiçado com pessoas que, no fim, não compram de você. Sempre reaja aos sinais: faça perguntas de fechamento e decida se quer ou não desistir do negócio.

Faça perguntas de fechamento

Quando uma vendedora sênior foi questionada por que teve tanto sucesso, ela respondeu: "Porque, quando percebia que algo não ia bem, eu assumia isso como verdade e tomava uma atitude." Aja de acordo. Se você acha que um cliente não está pronto para comprar, faça uma pergunta de fechamento: "Você está querendo dizer que vai adiar a compra?", ou peça a seu superior para perguntar, caso seja mais apropriado. Suponha que você está vendendo cursos de treinamento e suspeita que o cliente está favorecendo um concorrente; dê um pretexto ao superior para fazer uma pergunta de fechamento: "Sei que você ainda está decidindo, mas estou telefonando para saber se devo começar a alocar meu pessoal para trabalhar na sua empresa no próximo mês." Perguntas de fechamento como esta esclarecem situações e aumentam suas chances de ganhar o negócio.

> ## use a CABEÇA
>
> **Se acreditar que o cliente não comprará de você num futuro próximo, você precisa descobrir isso logo para não desperdiçar seu valioso tempo com ele.**
>
> Lembre-se de que o cliente também tem ciúmes do tempo e não quer desperdiçá-lo se não quiser comprar de você. Para descobrir se é este o caso, peça-lhe para fazer algo – desde que razoável – que precisará de certo esforço e tempo. Peça informações que exigirão pesquisa ou para encontrá-lo em algum lugar em que terá custos com viagens, por exemplo. Uma recusa em aceitar propostas como estas é sinal de alerta e pode ser suficiente para você optar por não investir no negócio.

Evite perder tempo

ALTO IMPACTO

- Analise regularmente sua posição e verifique se todos os clientes potenciais estão qualificados
- Discipline-se em buscar e reconhecer sinais de alerta
- Faça contatos constantes para saber se o cliente continua interessado

IMPACTO NEGATIVO

- Ignorar sinais lógicos ou emotivos de que a venda não está indo bem
- Deixar as perguntas de fechamento para o final da campanha de vendas
- Deixar o tempo passar e ver o cliente em potencial escapar

Às vezes, uma pergunta de fechamento pode ajudá-lo a descobrir se a pessoa com quem você está em contato não tem autoridade para fechar a venda. Se ele adia constantemente o fechamento e você percebe que o acordo está indo por água abaixo, faça uma abordagem firme para descobrir as verdadeiras intenções: "Meu gerente me instruiu a desistir do negócio, a menos que ouça de seu superior que vocês estão analisando a proposta." A reação do cliente a uma abordagem tão direta pode dar indicação da possibilidade de você ter ou não o pedido feito.

Qualificando como não viável

Evite permitir que a campanha de vendas acabe por desistência. Se você avaliou a situação e decidiu que o cliente potencial não irá adiante neste momento, qualifique o contato como não viável. Telefone e explique que você decidiu não dar sequência ao processo.

- Se sua análise estiver correta, o cliente apreciará o profissionalismo e estará disposto a trabalhar com você em outra ocasião.
- Se você estiver errado, o cliente irá explicar por que vale a pena você continuar tentando.

DICA **Considere uma política de concessão de desconto condicional assim que o acordo for fechado.**

4
Entregue satisfação ao cliente

O processo de venda não termina assim que você fecha o pedido. O passo seguinte é entregar satisfação ao cliente. Quando seus clientes ficam contentes com os produtos que compraram, sua chance de vender mais no futuro aumenta e eles ainda podem indicá-lo para outros interessados. Este capítulo o ajudará a:

- Desenvolver uma cultura focada no cliente dentro de sua empresa
- Entender as demandas do consumidor no varejo
- Estabelecer metas em serviços aos clientes e medir sua satisfação
- Lidar com as reclamações e colocar como primordial um serviço de pós-venda de primeira linha

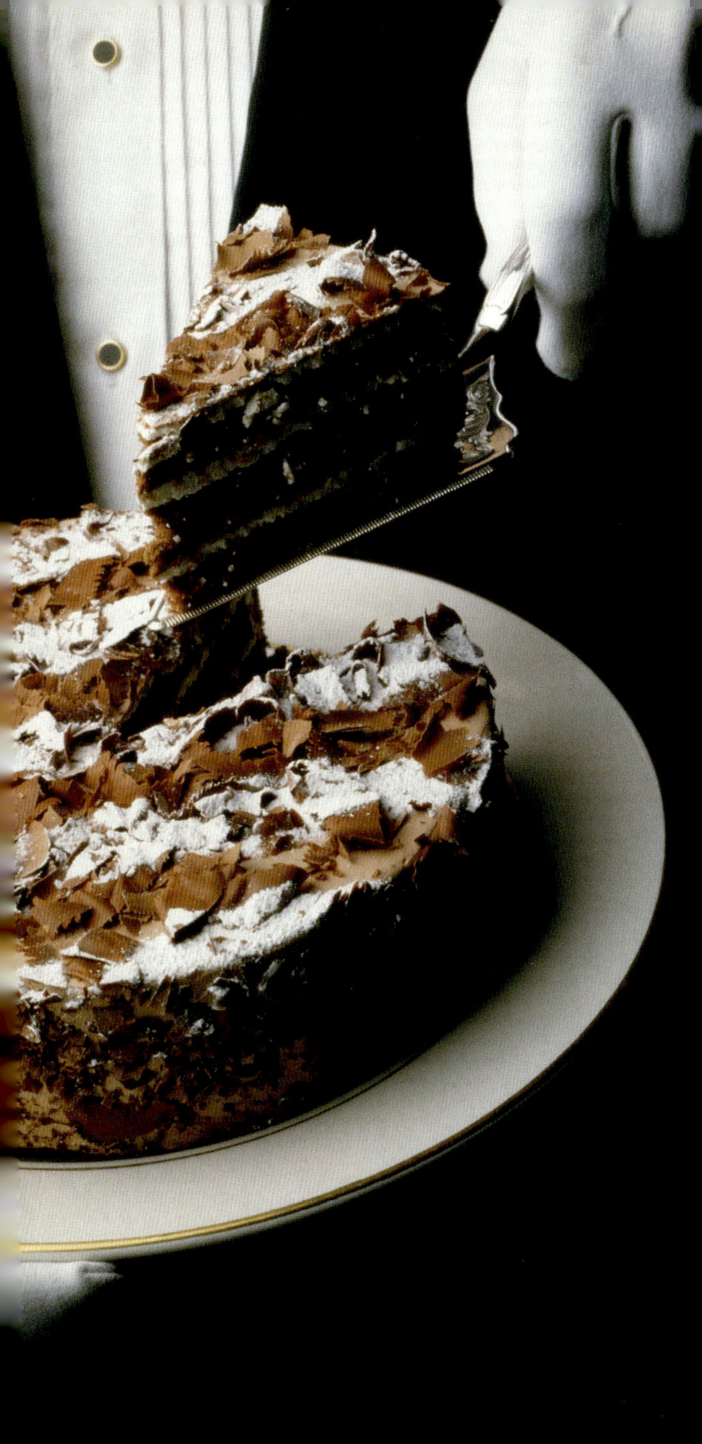

O cliente em primeiro lugar

Apesar de pessoas de vendas serem as primeiras a ter contato com os interessados e os clientes, o sucesso de uma organização depende de manter os clientes satisfeitos. E cada membro da empresa é responsável por isso.

Deixe seus clientes à vista

De certa forma, todos numa organização estão envolvidos no atendimento ao cliente. Deixe-os conscientes de que o verdadeiro motor de uma empresa são os clientes. Se, por exemplo, as áreas de apoio e administração de produtos e serviços estiverem em andares diferentes, use um quadro de avisos nos dois locais para noticiar as vendas recentes e mantenha-os informados sobre outros interesses dos clientes:

- Peça *feedback* aos clientes e divulgue-os no quadro de avisos da empresa.
- Divulgue todo cliente que teve algum feito notável com seu produto.
- Guarde um arquivo com recortes de jornais e artigos de

TÉCNICAS *para* praticar

Aprender a ver as situações pelo olhar do cliente tornará os funcionários da empresa vendedores mais empáticos – e eficientes.

Aprenda como promover o ponto de vista dos clientes usando as experiências dos próprios funcionários para fazê-los pensar no atendimento. Em qualquer treinamento que fizer, peça para os funcionários pensarem nas situações em que foram clientes.

1 Peça para se lembrarem de alguma vez em que ficaram muito satisfeitos como clientes e para escreverem três características do desempenho do fornecedor que causaram a satisfação.

2 Peça para pensarem numa situação em que não se sentiram satisfeitos, e escrevam três elementos que causaram isso.

3 Liste todas as respostas, peça para que eles sugiram quais áreas da empresa poderiam melhorar o desempenho.

revistas que mencionem seus clientes ou produtos e deixe-o disponível para todos.

Vender é um trabalho de equipe, então contribua para o desenvolvimento da cultura "o cliente em primeiro lugar". Sempre aponte a seu superior as mudanças ou inovações em suas atividades que poderiam melhorar o serviço.

Quadro de avisos Incentive sua equipe a colocar informações sobre as respostas dos clientes, artigos e recortes de jornais num quadro visível a todos para mostrar preocupação com assuntos ligados aos clientes.

Melhore em sua equipe o foco no cliente

Faça uma lista das tarefas das quais você/sua equipe é responsável

⇩

Decida quais tarefas têm impacto direto no cliente

⇩

Identifique os benefícios dessas tarefas que têm impacto no cliente

⇩

Se as tarefas não proporcionarem benefícios, mude-as até que tenham

O CLIENTE EM PRIMEIRO LUGAR

Satisfaça seus clientes

A imagem de fornecedor confiável da empresa depende do nível de satisfação dos clientes que alcançar. Meça esse fator completamente e com regularidade para rastrear as áreas que precisam de melhorias.

Estabeleça metas para o serviço ao cliente

Defina metas de serviço altas e delineie um plano sobre como elas devem ser atingidas. Converse com os clientes sobre o que esperam do serviço de pós-venda. A insatisfação surge quando você não conhece as expectativas do cliente em relação ao serviço. Tenha certeza de que chegarão a um acordo mútuo sobre as expectativas dele e também tente fornecer o padrão de serviço desejado. Considere todos os aspectos da pós-venda. Áreas comuns desse serviço incluem:

> **Empresas com boa reputação atendem e superam expectativas**

- Disponibilidade de manutenção
- Tempo para tirar dúvidas
- Espaço para acessórios e artigos de consumo
- Escalonamento para cobrança e pagamento
- Acesso à informação.

Faça previamente uma lista de acordos possíveis para a hora em que for negociar com o cliente. Tenha o hábito de telefonar depois da venda para checar o grau de satisfação.

Meça o grau de satisfação dos clientes

Descubra se está atendendo às expectativas do cliente definindo metas para cada nível de serviço e monitore os sucessos alcançados. Para *feedback* geral do serviço ao cliente, use folhas simples de checagem. Por exemplo, a cada vez que fizer uma entrega, peça ao cliente para avaliar, numa escala de 0 a 10, o desempenho da empresa nos seguintes tópicos:

- O cliente gosta de fazer negócios com sua equipe de vendas
- O produto ou serviço vai ao encontro das expectativas dele
- Os processos administrativos para pedidos e pagamentos foram corretos

Use gerentes para avaliar a satisfação

Fazer com que todos de sua empresa comecem a pensar no serviço para clientes é a chave para uma operação de sucesso. Peça aos gerentes para se responsabilizarem por uma área próxima de suas casas ou escritório. Faça-os conhecer os clientes das redondezas e peça para um grupo específico responder o seguinte:

→ Por que você comprou este serviço ou produto?
→ O quanto está satisfeito?
→ Você compraria conosco outra vez?
→ Você nos recomendaria?

Isso permite que se tenha informações valiosas sobre os níveis de satisfação do cliente, que você pode repassar para o departamento de vendas, *marketing* e pós-venda.

- A empresa cumpriu seus compromissos
- A empresa responde rapidamente às demandas ao serviço de pós-venda.

Registre as respostas e procure tendências em cada área. Onde um item estiver baixo ou problemático, busque melhorias. Caso tenha percebido uma tendência negativa, volte aos clientes que marcaram as notas mais baixas para descobrir o que precisa ser feito. Quando fizer as melhorias, ligue para os que reclamaram para que estejam ciente da sua resposta. Isso pode também ajudar a atraí-los de volta, caso os tenha perdido.

> **Vidro, porcelana e reputação são facilmente quebrados e nunca emendados bem.**
> Benjamin Franklin

A importância da pós-venda

Mantenha contato com os clientes para resolver os problemas antes que causem rompimentos na relação. Aqui, os problemas com a entrega podem refletir de maneira negativa no vendedor, a menos que se lide rapidamente com a situação.

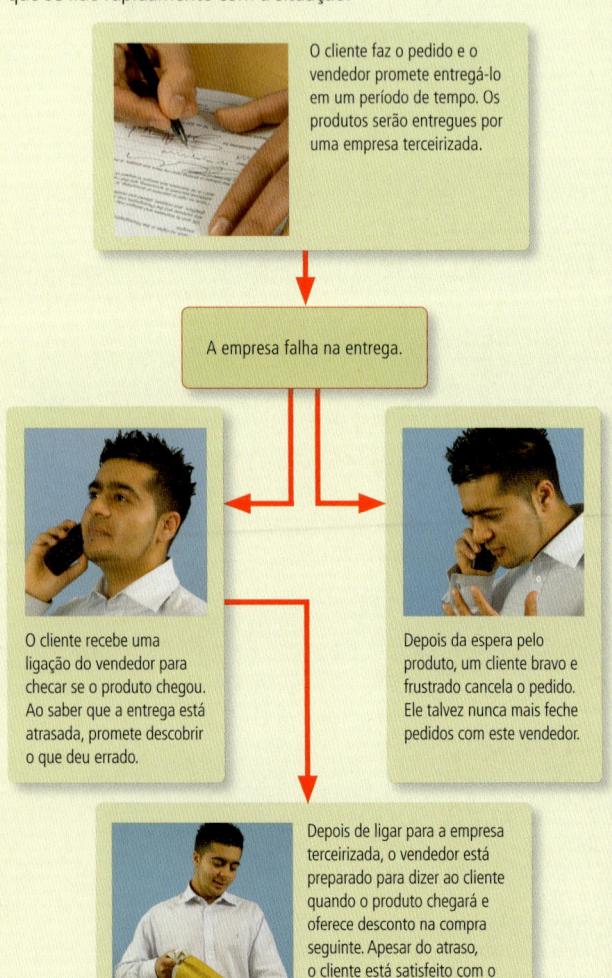

O cliente faz o pedido e o vendedor promete entregá-lo em um período de tempo. Os produtos serão entregues por uma empresa terceirizada.

A empresa falha na entrega.

O cliente recebe uma ligação do vendedor para checar se o produto chegou. Ao saber que a entrega está atrasada, promete descobrir o que deu errado.

Depois da espera pelo produto, um cliente bravo e frustrado cancela o pedido. Ele talvez nunca mais feche pedidos com este vendedor.

Depois de ligar para a empresa terceirizada, o vendedor está preparado para dizer ao cliente quando o produto chegará e oferece desconto na compra seguinte. Apesar do atraso, o cliente está satisfeito com o serviço pós-venda e faz outro pedido.

ENTREGUE SATISFAÇÃO AO CLIENTE

Pesquisas

Informações adicionais podem ser obtidas por meio de pesquisas abertas. A diferença entre uma pesquisa fechada e uma aberta ou qualitativa é o estilo da pergunta. A pesquisa fechada perguntaria:
- Em relação a nosso serviço de pós-venda, você está muito satisfeito, satisfeito ou insatisfeito?

Enquanto uma pesquisa aberta questiona:
- O que você acha de nosso serviço de pós-venda?

Contrate uma empresa especializada para fazer ao menos alguma pesquisa – o cliente está mais aberto a responder objetivamente para alguém de fora.

Grupos de foco

Grupos de foco são outra maneira eficiente de se obter informações, embora você talvez tenha de oferecer um incentivo para reunir essas pessoas. Envolva as pessoas certas da empresa, como vendas e *marketing*, para que elas possam ouvir diretamente as reações do grupo. Convide entre seis e oito pessoas para ter um apanhado variado de pontos de vista e que todos tenham oportunidade de expressar suas opiniões. Lembre-se de que você também pode aprender muito com grupos de foco conversando com os participantes e com o mediador.

---

5 em apenas MINUTOS

Se apresentar um produto ou serviço totalmente novo, pode ser que você precise saber logo o que os clientes acharam.

Uma pesquisa tradicional pode não dar conta desses resultados no tempo desejado. Logo, prepare você mesmo uma pesquisa rápida com sua equipe ou peça ajuda a outros vendedores.
- Pegue um grupo representativo de consumidores (cerca de 20 pessoas ou empresas) e telefone a eles com uma lista de perguntas.
- Utilize o *feedback* para identificar problemas que talvez você venha a ter ou esteja tendo com o produto/serviço.

DICA **Interprete a pesquisa com cuidado: "satisfeito" geralmente significa "não insatisfeito", diferente de "contente". A meta é ter um "muito bom".**

Satisfaça o consumidor de varejo

O varejo, mais do que qualquer outra área, precisa de ambientes que incentivem o cliente a comprar. Uma loja atrativa convida o consumidor a entrar, mas o vendedor precisa fazer sua parte para garantir a venda.

Torne o espaço atraente

Clientes visitando um espaço comercial pela primeira vez rapidamente decidem se querem ou não comprar ali. Para dar uma boa primeira impressão, pergunte-se:

- O lugar está limpo? Os clientes são espantados por cabelos no chão ou mesas de restaurantes cobertas por pratos sujos?
- É um local convidativo?
- A primeira coisa que veem ao entrar causa boa impressão?
- A variedade de produtos oferecida é fácil de ser identificada?
- As cores usadas atraem os clientes que você quer? Chame um especialista se necessário.

Sempre abra sua loja no horário indicado. Se os clientes chegarem e virem o lugar fechado quando há uma placa dizendo que deveria estar aberto, eles ficarão frustrados, irão embora e possivelmente não voltarão.

---

5 em apenas MINUTOS

Quando sua loja estiver lotada, fica mais fácil deixar que seu padrão de qualidade caia.

Aja rapidamente para manter a boa aparência de seu espaço:

- Em lojas de roupa, se você não tem tempo para dobrar e guardar todas as peças manuseadas, tire de vista as menos vendidas. Dobre-as e traga-as de volta assim que houver uma brecha.
- Em restaurante, onde você vive sob pressão para mantê-lo limpo, peça aos clientes que acabam de chegar para esperar na porta até ter uma mesa limpa para eles.

❝ Dê ao público tudo o que puder, mantenha o lugar o mais limpo que conseguir e deixe-o sempre com ar amigável. ❞

Walt Disney

ENTREGUE SATISFAÇÃO AO CLIENTE

Cheque a necessidade do cliente

Evite perguntas fechadas quando estiver numa abordagem de venda. Uma das questões mais comuns – e pouco eficientes – é "Posso ajudar?", que geralmente é respondido com um "Não, obrigado, estou apenas olhando". Perguntas abertas estabelecem uma necessidade: se um cliente está em busca de poltronas, por exemplo, pergunte se ele procura por um modelo específico. Descubra qual valor ele tem em mente e outro parâmetro que possa influenciar sua decisão. Quando todas as perguntas tiverem sido respondidas, resuma-as e guie o consumidor ao produto que melhor atender às necessidades dele. Ofereça o melhor produto ou um pouco acima do limite máximo do cliente. Apresente as características de cada produto e demonstre como cada um deles responde a uma necessidade. Verifique se o consumidor concorda que aquele produto está de acordo com suas exigências.

DICA Assistentes de vendas nunca devem conhecer bem o produto.

Estudo de caso: conseguindo o *feedback* do cliente

Lee montou um bar/bistrô numa cidade pequena. Seu alvo eram os jovens profissionais que trabalhavam nos escritórios das redondezas. Ele optou por móveis e decoração que atraíssem pessoas que queriam um pouco de sofisticação. O local era iluminado e arejado com mobília cromada, tons pastel na parede e sofás confortáveis.

Os formulários com sugestões que ele recebeu dos clientes revelaram que, apesar de gostarem do ambiente, achavam o uniforme dos garçons muito formal. Lee aboliu a camisa branca, o terno e a gravata preta e incentivou os garçons a usarem roupas mais casuais e modernas.

- *Com o* feedback, *Lee descobriu o que os clientes gostavam ou não no bar. Então, ele ajustou o local para refletir a preferência dos frequentadores, tornando a estadia mais prazerosa e mais convidativa a quem quisesse voltar ou recomendar o bar para outros amigos.*
- *Lee entendeu a importância de criar a impressão certa para seus clientes, mesmo que não fosse totalmente de seu agrado – ele criou a imagem que seus clientes queriam ver.*

Cross-selling de produtos

Uma vez que os consumidores entram numa loja, você tem a chance de não só vender o que eles querem, mas também de fazer uma venda cruzada (*cross-selling*) de outros produtos. *Cross-selling* de sucesso acontece após a identificação de outros itens ou serviços que agregam valor à compra inicial do cliente, diferentemente de empurrar produtos não desejados. Feita corretamente, essa venda oferece-lhe a oportunidade de guiar o consumidor e melhorar o serviço que você oferece. Use perguntas abertas para estabelecer necessidades futuras.

> *Cross-selling* expande as chances de satisfação do cliente

Suponha que um cliente tenha acabado de comprar uma camisa cara. Uma pergunta fechada – "Você quer também levar uma gravata?" – dá margem para um simples: "Não." Mas, se você perguntar que tipo de gravata ele estava pensando em usar com a camisa, você o fará pensar e a resposta pode dar a você a chance de oferecer uma gravata que caiba na descrição.

O *cross-selling* funciona em qualquer ambiente de varejo. Num bar, você pode servir uma bebida e depois perguntar se o cliente quer alguma coisa para comer. Numa agência de viagens, por outro lado, você pode vender um seguro-viagem também.

use a CABEÇA

Se o consumidor quer devolver o produto, considere isso uma oportunidade para ganhar sua boa vontade e construir uma reputação positiva no mercado.

Perder uma reputação boa no mercado é fácil, mas ganhar clientela e recomendações leva tempo. Defina padrões altos de qualidade. Se o consumidor tem problema com o produto – ou simplesmente não gostou –, pegue-o de volta, sem questionar. Incentive-o a pegar outro produto em troca, mas, se ele não quiser, aceite devolver o dinheiro. Como varejista, você está vendendo qualidade e serviço – e não o produto em si.

Construa um banco de dados de clientes

Mantenha um registro excelente de seus clientes. Junte informações sobre eles num banco de dados e use-o para enviar *newsletters* e outros materiais promocionais. Perceba o interesse mantendo um registro de compras ou convidando-os a preencher um formulário simples. Deixe esse cadastro no caixa da loja. Então, quando um cliente já conhecido aparecer, você pode não só ter fácil acesso ao registro dele – poupando tempo numa nova transação –, mas também sugerir outra compra com base em seu histórico. Uma cabeleireira, por exemplo, pode perguntar se o cliente quer o mesmo condicionador que usou da última vez.

Cross-selling A venda cruzada eficiente pede uma relação entre os produtos envolvidos. Se o cliente comprou uma camisa cara, por exemplo, pergunte que tipo de gravata ele planeja usar com ela e sugira um modelo.

DICA **Promova sua loja distribuindo panfletos na vizinhança e converse com potenciais clientes.**

SATISFAÇA O CONSUMIDOR DE VAREJO

Ofereça serviço de primeira linha

Certifique-se de que o serviço oferecido faz os clientes sentir-se importantes e bem cuidados. Sua empresa precisa ser responsável, autossuficiente e habilidosa para lidar com reclamações profissionalmente.

Responda às pesquisas

Uma pesquisa é mais do que oportunidade de venda – é também uma chance de mostrar como sua empresa reage. A regra do vendedor profissional é responder a uma pesquisa em até 24h. Seja cuidadoso com pesquisas da internet ou de *e-mail*: poucas enviadas por esses veículos são respondidas em 24h e, surpreendentemente, grande número de pessoas nem sequer as respondem. Ao lidar com uma conta-chave, esteja preparado para enviar material às pessoas que não têm autoridade para comprar – elas *ainda* podem colaborar com boas ou más críticas sobre sua reputação e o gerente de projeto de hoje pode ser o gerente de produção amanhã.

Lembre-se de que sua resposta a uma pesquisa geralmente é a primeira impressão que o cliente terá de você e sua empresa. Causar impacto de primeira classe nesse estágio aumenta

---

use a
CABEÇA

Veja as reclamações pelo lado bom. Elas geralmente oferecem o melhor *feedback* que você pode ter e, em vez de lamentar, considere uma grande oportunidade para melhorar seus serviços.

Toda empresa recebe reclamações, porém o mais importante é como você reage a elas. Já que teve de lidar com elas e tem de restabelecer a satisfação do cliente, procure as causas do problema. Pode haver algo errado com o produto ou até mesmo uma falha na operação dos sistemas. Se estiver pronto para impedir que aconteça de novo, você já terá melhorado seu serviço.

> **Seus clientes mais insatisfeitos são sua maior fonte de aprendizado.**
> Bill Gates

sua chance de ganhar o pedido. Aprenda a produzir um padrão consistente para lidar com as reclamações. Sempre que sugerir uma solução para um problema, apresente seu caso com o cliente em mente. Incentive outros membros da equipe a usar o mesmo sistema para lidar com pesquisas, assim o procedimento se torna uma prática comum. Documente o processo para que vire referência. Após um curto espaço de tempo, esses procedimentos devem ser usados automaticamente.

Lide com reclamações

Receba bem as reclamações – elas são uma oportunidade para restaurar o relacionamento com um cliente, melhorar o serviço prestado e descobrir o que ele realmente quer. Clientes que reclamam estão, em geral, interessados em colocar tudo em pratos limpos.

Se você lida bem com as reclamações e garante ao cliente que a melhoria está em andamento, a empresa e você estão demonstrando que de fato sentem pelo ocorrido. Mesmo que o cliente também tenha cometido falhas, evite trazer isso à tona – identifique o problema e depois direcione o assunto ao que o causou.

Lide com problemas

Peça desculpas
Assuma o problema imediatamente como responsabilidade sua

⬇

Aja rápido
A regra é reagir em até cinco dias

⬇

Mantenha contato
Deixe claro ao cliente que você está resolvendo o problema

⬇

Lide com isso
Resolva o problema, seja pessoalmente ou por telefone

5
Construa contas-chave

Seus melhores clientes são responsáveis por grande parte das vendas anuais da empresa. Cuide deles profissionalmente para construir uma relação de longo prazo próspera e benéfica para ambos os lados. Por isso, procure estar envolvido em tudo o que envolve suas contas importantes, inclusive o planejamento. Este capítulo vai ajudá-lo a:

- Identificar pessoas na sua empresa que o ajudarão a ter o melhor retorno possível dos clientes
- Construir um Plano de Ação para Contas-chave para usufruir ao máximo os recursos
- Utilize os processos de Gerenciamento de Contas-chave para criar uma parceria de sucesso

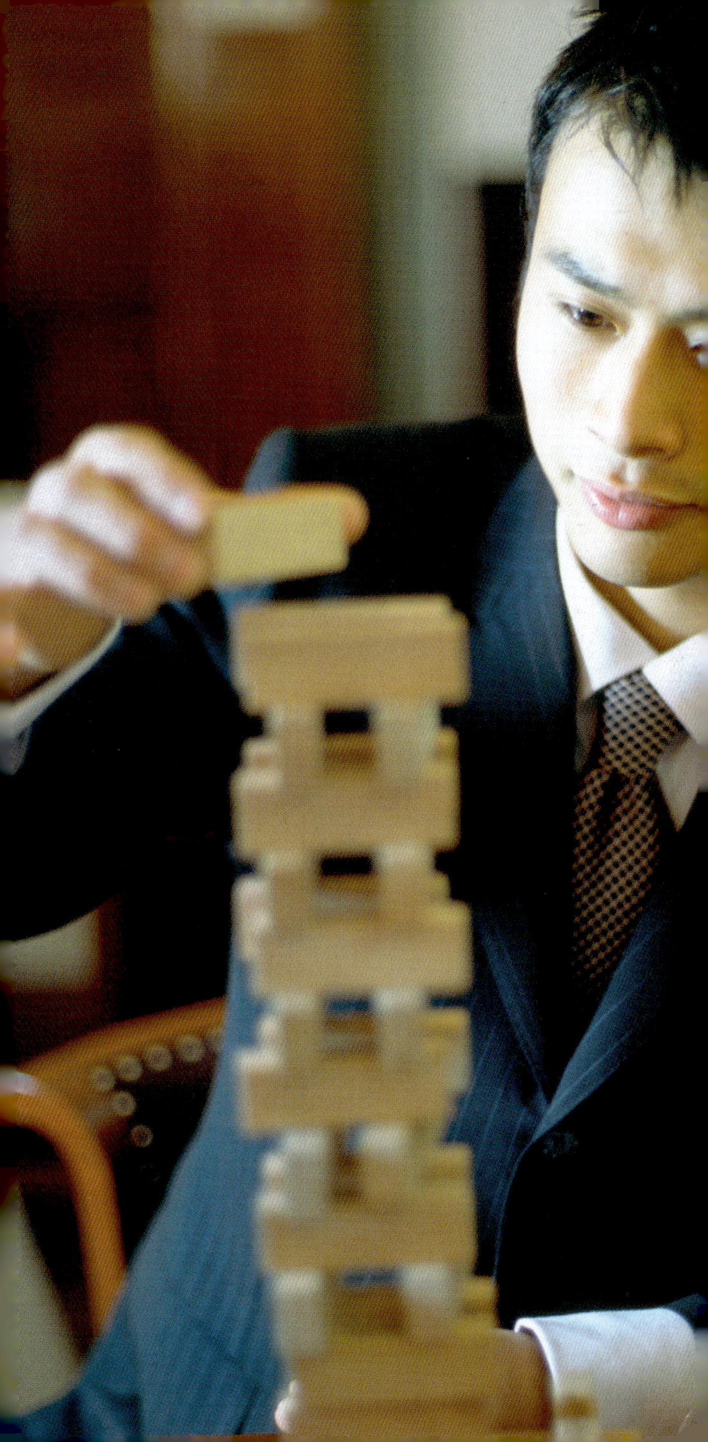

Foque-se em seus melhores clientes

Seu objetivo de vendedor é aplicar seu tempo – e os recursos da empresa – com o máximo de retorno ou produtividade. Comece identificando quem são seus melhores clientes e trabalhe para mantê-los.

Reconheça seus melhores clientes

Seus melhores clientes são aqueles que fazem mais pedidos de seus produtos e serviços de maneira rentável e de longo prazo. Não necessariamente eles serão os clientes com quem você fecha mais negócios. Imagine, por exemplo, que está vendendo um espaço publicitário numa revista para *gourmets* e que um *chef* famoso está abrindo uma cadeia de restaurantes. Apesar de não estar fechando negócios atualmente com esse *chef*, seu enorme potencial indica que ele deve ser tratado como um de seus melhores clientes. Não ignore grandes clientes potenciais simplesmente porque eles fazem poucos negócios com você no momento.

Conserve clientes de longo prazo

Vender seus produtos e serviços a clientes já existentes tem custo-benefício maior do que procurar por novos. Mantenha-se atualizado com os eventos na indústria de seus melhores clientes

Análise do cliente: a regra 80/20

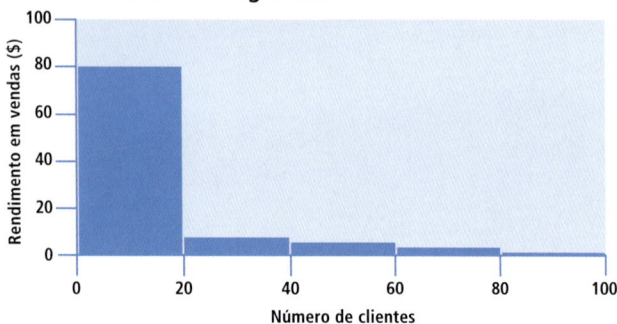

A regra 80/20 Define que 80% do rendimento de suas vendas vem de apenas 20% de seus clientes. O gráfico acima varia, mas não há dúvida de que os clientes mais rentáveis merecem receber atenção proporcional ao que representam.

CONSTRUA CONTAS-CHAVE

Procure por tendências

Seus melhores clientes são aqueles que operam em setores em desenvolvimento e que dão sinais de que continuarão crescendo. Para identificar clientes que serão valiosos para você no futuro:

→ Procure por tendências de base no segmento do cliente por meio de um *site* específico sobre o assunto ou estude os relatórios e contas do cliente e dos concorrentes.
→ Esteja preparado para mudar seu foco de um cliente para outro se, por exemplo, um estiver aumentando os lucros mais rapidamente do que o outro.

Se, ao examinar essas tendências no setor em que vende atualmente, notar que ele está em declínio, comece a ver a possibilidade de sondar outros mercados.

para que possa antecipar novas oportunidades que apareçam para eles – e também para você. Por exemplo, suponha que seu melhor cliente venda pneus e sistemas de exaustão e você notou que havia anúncios do concorrente, cujo planejamento envolve abrir grandes lojas em cidades de médio porte.

Se antecipar o impacto que isto terá em seu cliente e tentar descobrir o que está de fato sendo feito, você terá uma leve vantagem sobre seus concorrentes. Se, por outro lado, evitar lidar com o assunto até que um novo concorrente apareça, você não estará numa situação melhor do que seus adversários – mesmo que seja um fornecedor antigo. Então, você mesmo terá enfraquecido sua posição.

Identifique seus melhores clientes e antecipe suas necessidades

Monte sua equipe de conta

Se você é uma pessoa de vendas ou o gerente de contas responsável pelos clientes-chave, convença sua organização a dar a você recursos para aumentar os lucros com a conta.

Identifique os *stakeholders*

Para garantir os recursos necessários, certifique-se de que identificou as pessoas que têm interesse no sucesso de suas contas-chave. Podem existir diversos *stakeholders* com impacto direto ou indireto na maneira de sua empresa desenvolver negócios com os clientes-chave. Por exemplo, o pessoal de *marketing* está interessado nas tendências do mercado do cliente, assim como suas próximas necessidades. Igualmente, o pessoal de pesquisa e desenvolvimento precisa estar a par das necessidades do cliente,

Possíveis *stakeholders* e seus papéis

STAKEHOLDER	PAPEL NA CONTA-CHAVE
Seu gerente	Encontra-se com o cliente regularmente, talvez em nível superior ao seu. Representa seus pedidos a favor do cliente para toda a empresa.
Outros gerentes de conta	Responsáveis em uma base geográfica e incluem vendedores trabalhando com o mesmo cliente em diferentes territórios. Responsáveis pela vendas em sua localidade e por levar adiante a estratégia de venda.
Gerente de manutenção	Encontra-se com regularidade com o cliente. É responsável pelas metas de satisfação do mesmo.
Gerente de apoio	Encontra-se com os clientes de vez em quando. Aloca recursos para os clientes-chave de acordo com as prioridades.
Engenheiros de manutenção	Responsáveis pelas metas em serviços e por passar informações a você sobre os eventos da conta.
Representante de produção	Fornece produtos e serviços aos clientes-chave. Devem estar atualizados com as mudanças da conta e também podem precisar encontrar-se com os clientes vez ou outra.
Administrador financeiro	Responsável pelas finanças e outros afazeres administrativos em sua conta. Podem também opinar sobre a viabilidade financeira de seus planos.

Role-play Estruture um *role-play* e ensaie para explorar potenciais situações que você pode enfrentar com seus clientes. Isso pode ajudar diferentes membros da sua equipe de vendas a se focar mais efetivamente na satisfação do consumidor.

além de qualquer informação relevante sobre os produtos concorrentes. Antes de preparar um plano de desenvolvimento de contas, tenha certeza de que completou a lista de *stakeholders* e já definiu o papel de cada um.

Reúna recursos

Gerentes de contas não têm controle direto sobre os recursos disponíveis – neste caso, pessoas – que desejam que atuem em suas contas. Por isso, você precisa convencer os gerentes mais indicados a direcionar alguns de seus recursos para suas contas com o desenvolvimento de um plano de recursos.

O plano deve identificar o retorno do investimento em seu cliente nessas ações em termos de vendas e lucro. Junte os *stakeholders* e os recursos numa "equipe virtual" que trabalhe regularmente ou de tempos em tempos com sua conta.

DICA **Encontre-se formal e informalmente com *stakeholders* para discutir os progressos da conta.**

Use o processo da conta-chave

Gerencie a sua conta-chave usando um processo de gerenciamento de contas para criar uma conta importante. O objetivo deste plano é gerenciar relacionamentos, manter a satisfação e gerar pedidos e rendimento agora e em longo prazo.

Conheça o processo

Um Plano de Desenvolvimento de Contas cobre todos os aspectos de seu relacionamento em longo prazo com seu melhor cliente e o ajuda a desenvolver uma "parceria de trabalho", que é seu objetivo final. Comece o processo com uma análise completa da empresa e suas características.

Isso vai levá-lo a definir em detalhes suas metas na conta para o próximo ano e criar um esboço para os próximos dois ou três anos. O objetivo abrange os pontos críticos para o sucesso do gerenciamento da conta, assim como as metas de sua campanha de vendas, deixando o ambiente da conta na melhor situação para apoiar suas ações.

Definir objetivos leva o plano de ação adiante e permite que você trabalhe os recursos de que precisará para implementar o projeto e atingir suas metas. Conforme for implementando-o, reveja o plano com regularidade para se assegurar de que está construindo um relacionamento forte com o cliente e trazendo melhorias ao ambiente – isso abrirá portas para rentáveis oportunidades de venda.

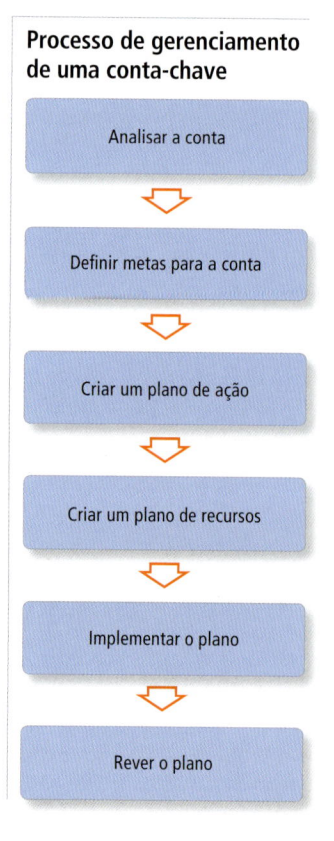

Processo de gerenciamento de uma conta-chave

- Analisar a conta
- Definir metas para a conta
- Criar um plano de ação
- Criar um plano de recursos
- Implementar o plano
- Rever o plano

Reveja os progressos

De tempos em tempos, reveja seus progressos nas áreas importantes. Registre o andamento num documento e use-o para divulgar os avanços aos outros *stakeholders* da conta. As áreas importantes são:

- **Grau de contato** – você tem acesso às pessoas-chave?
- **Satisfação do cliente** – você atingiu suas metas?
- **Planejamento da conta** – o quanto está desenvolvido o seu plano e você tem recursos para implementá-lo?
- **Posição em relação à concorrência** – você está progredindo ou perdendo para os concorrentes?
- **Áreas estratégicas** – você está vendendo para áreas estratégicas para o sucesso geral dos clientes? E está ciente dos planos de crescimento do cliente?
- *Pipeline* – você tem perspectivas suficientes para bater suas metas em vendas?
- Participação no mercado – a sua participação no mercado de seu cliente está em ascendência ou decadência?

TÉCNICAS *para* praticar

Se você é gerente de uma conta-chave, aprenda como incentivar o comprometimento total dos *stakeholders* e de seus recursos com o cliente.

Incentive este tipo de compromisso no futuro elogiando qualquer contribuição que eles tenham feito, seja pequena ou grande, para o sucesso com o cliente:

1. Fale com suas fontes com regularidade para manter-se atualizado em relação a suas atividades e agradeça-lhes pela ajuda.
2. Envie *e-mails* e bilhetes para todos aqueles que contribuíram, agradecendo-lhes e mandando uma cópia a seus gerentes.
3. Considere organizar um prêmio anual ou semestral para as contribuições excepcionais de sua equipe de membros "virtuais".

DICA Sempre dê antecipadamente aos gerentes estratégicos a notícia de que precisará de seus recursos (como pessoal) para que eles possam se programar.

Fatores críticos do sucesso

Desenvolva sua posição na conta-chave com atividades que se concentrem nas áreas importantes para o sucesso. Aumente o número de pessoas e de especialização dos envolvidos em sua conta e lembre-se sempre de promover a satisfação do cliente.

Venda alto e para muitos

Em grandes organizações, um grande número de pessoas diferentes pode ter impacto direto ou indireto em seus êxitos. Os benefícios de ter diversos contatos, de preferência no topo da empresa cliente, são:

- Eles dão acesso aos futuros planos da empresa, ajudando-o a identificar oportunidades.
- Você fica em contato com pessoas que estão na posição de instruir as pessoas abaixo delas e que comprarão de você ou poderão encurtar os processos que sustentem sua venda.
- Eles podem evitar que você seja ultrapassado pelos concorrentes que estão conversando com pessoas de nível superior na empresa.

Amplie sua base de contatos

Se você ainda não tem boa base de contatos em sua conta, trate de organizar uma pequena conferência sobre algum assunto relacionado a seus produtos e serviços. Peça a alguém, que não faça parte de sua empresa, fazer uma breve apresentação sobre o tema e dê espaço para perguntas. Lembre-se de que o propósito desse encontro é fazer uma prospecção de contatos relevantes que você pode usar nas próximas campanhas. Não trate a reunião como um evento de vendas.

→ Assegure aos convidados que o propósito do evento é informar – e não vender.
→ Mantenha sua promessa e evite pressionar qualquer pessoa a falar sobre comprar seus produtos.
→ Tenha *folders* e materiais para entregar que falem de sua empresa e outros fornecedores – exclua os concorrentes diretos.

Estudo de caso: vendendo para escolas

Elena, uma ex-professora, era vendedora de materiais de papelaria. Ela sabia que as escolas locais tinham orçamento para comprar o tipo de produto que vendia, então, organizou apresentações para os principais professores e administradores. Apesar do excelente retorno, ela não fechou nenhum pedido. Percebendo algum problema, ela contatou um colega na escola que explicou que, como havia orçamento disponível na escola, todos os fornecedores precisavam estar na "lista de fornecedores preferenciais", elaborada pela autoridade local. Elena foi procurá-la, apresentou seu caso e foi colocada na lista a tempo. Os pedidos começaram a chegar e ela decidiu ampliar seus contatos no futuro.

- *Ao ser proativa e fazer contato com um antigo colega, Elena pôde perceber que não estava falando com as pessoas com autoridade para comprar. Então, corrigiu o problema.*

- *A falta de conhecimento inicial de Elena sobre o sistema a alertou para o fato de que precisava ampliar sua rede de contatos. Constatou que, dessa forma, estaria mais bem informada e posicionada para tirar vantagem de qualquer oportunidade futura.*

Tente se certificar de que conseguiu reunir o maior número de contatos possível e aproxime-se de todos os departamentos e divisões da empresa cliente na busca por oportunidades. Seus contatos, provavelmente, irão primeiro até você quando precisarem de seus produtos e serviços no futuro.

Defina metas de satisfação com o cliente

Se o cliente não estiver totalmente satisfeito com seu desempenho, é pouco provável que ele contrate seus serviços ou produtos no futuro. Defina metas de desempenho com ele, reveja-as com regularidade e resolva as fraquezas conforme aparecerem. Isso é muito importante principalmente quando os clientes estão limitados a seus produtos e serviços: uma falha no monitoramento das metas faz com que – por causa dos pedidos que não param de chegar – a insatisfação passe despercebida. Isso dá margem para ressentimento e praticamente garante que o cliente irá para a concorrência assim que tiver chance.

use a CABEÇA

Se precisar encarar um concorrente de uma área importante da conta, desvie os recursos deles para um setor que não é seu alvo na próxima venda.

Imagine que você quer fazer uma venda para um departamento de peças de uma montadora de carros. Seu concorrente já tem uma série de negócios com o departamento de produção. Simule um grande ataque à área de produção e direcione um esforço limitado de vendas para esse setor. O fornecedor atual, então, irá se esforçar ainda mais na produção, deixando você livre para o departamento de peças.

Leve em conta a situação estratégica

Ao abordar uma conta importante com a qual você tem pequenos negócios, sempre tente chegar ao núcleo estratégico da empresa. Numa situação competitiva, o sucesso tende a acontecer para os fornecedores envolvidos nas áreas da conta que o cliente vê como estrategicamente importantes.

> As organizações gastam mais em áreas que acham estrategicamente importantes

Imagine, por exemplo, que está vendendo um revestimento em pó para uma serralheria que faz portões e grades. O principal negócio da serralheria é vender equipamentos para armazéns e escritórios – logo, você está vendendo para uma divisão de negócios não estratégica. No entanto, seu concorrente está trabalhando no núcleo estratégico da empresa, o que lhe dá acesso aos gerentes estratégicos e o coloca numa posição forte. Como resultado, ele quer tirar você do fornecimento. Você tem duas opções:

- Aumentar seus esforços para garantir seu espaço na outra área e assim ter sucesso.
- Reconsiderar se esta conta merece o *status* de conta-chave.

> **Você pode fazer mais amigos em dois meses ao mostrar interesse pelas outras pessoas do que em dois anos se tentar fazer as pessoas se interessarem por você.**
>
> Dale Carnegie

Garanta que o desempenho supera as expectativas

Como gerente de uma grande conta que está comprando e usando vários de seus produtos e serviços, você precisa dedicar um tempo considerável para garantir que sua empresa corresponda às expectativas.

Certifique-se de que você não está ficando para trás nas prospecções de novas vendas em áreas em que já atua e em divisões em que você ainda não entrou. Cheque, também, se você tem clientes suficientes para atingir suas metas anuais, semestrais ou mensais. E sempre coloque na balança o tempo que despende tentando melhorar seus relacionamentos de longo prazo com as ações básicas de vendas e prospecção.

Analise sua participação no mercado

Uma conta-chave é como o mercado. As partes da organização a que você já vendeu são mercados já existentes, ao passo que aqueles em que ainda não penetrou são mercados novos. Lembre-se de algumas regras básicas de *marketing* referentes à participação no mercado: se sua participação em geral está crescendo, sua conta também crescerá; mas, se está em declínio, você corre o risco de sofrer quedas bruscas. Trabalhe sua participação no mercado e observe as tendências:

→ Pergunte ao cliente, ou trabalhe o mais detalhadamente possível, para saber o total de gastos anuais da empresa com seu produto e serviço.
→ Calcule sua participação como uma porcentagem do total gasto.
→ Se possível, faça um gráfico sobre as tendências dos últimos três anos.

Escreva o plano de sua conta

Direcione o plano de contas-chave a partir do ponto de vista de seus clientes e leve em consideração a estratégia dele naquela situação. Essa ação deve ajudá-lo a conseguir vendas do *mix* mais rentável de seus produtos e serviços.

Concorde com a estratégia do cliente

Comece seu plano de ação identificando os principais objetivos do cliente. Isso talvez já esteja sinalizado no texto da missão da empresa, no *site* ou no relatório anual. Pergunte-se: "Qual o propósito deste cliente?" Se, por exemplo, ele é um fornecedor de comida congelada, em sua missão pode constar:

- "Alcançar 25% de participação no mercado regional de sobremesas congeladas em cinco anos com o crescimento interno e as aquisições."

Sendo uma grande empresa, o cliente deve ter divisões que pouco têm em comum entre si. Nesse caso, considere fazer um planejamento para cada área.

Se você não conseguiu encontrar a missão da empresa em nenhum material, tente conversar com diretores e pergunte a eles sobre valores, aspirações, pontos fortes e fracos e metas da empresa. Você conseguirá informações valiosas.

Modos efetivos para planejar as contas-chave

ALTO IMPACTO
- Pedir ao cliente para participar do planejamento e contribuir com a análise SWOT
- Verificar arquivos de jornais e revistas sobre o cliente para adicionar essas informações à análise SWOT
- Checar a precisão de sua análise SWOT com um membro sênior da empresa cliente

IMPACTO NEGATIVO
- Fazer suposições sobre a posição do cliente sem evidências reais
- Confiar na opinião de pessoas que não tiveram experiências recentes com a conta
- Guardar as informações para você acreditando que são "confidenciais"

DICA Mantenha a linguagem usada na análise SWOT clara, simples e concisa.

Considere pontos fracos e fortes

Para garantir que seu plano está de acordo com as necessidades do cliente, comece o planejamento de sua conta-chave fazendo uma análise de ambiente. Para se concentrar nas áreas importantes, use a técnica SWOT de análise. Observe os pontos fortes e fracos do cliente, as oportunidades e ameaças para a realização da missão da empresa:

- Pontos fortes (Strengths) – fatos ou eventos que ajudam seu cliente a realizar sua missão.
- Pontos fracos (Weaknesses) – fatos ou eventos que atrapalham o cliente a realizar sua missão.
- Oportunidades (Opportunities) – ações que ele pode ter para melhorar seu desempenho.
- Ameaças (Threats) – potenciais rompimentos que atrapalham o desenvolvimento da missão, resultando em falhas para detectar os pontos fracos.

Convide *stakeholders* da conta para uma reunião de equipe. Coloque a análise SWOT em *slides* ou fichas e liste as áreas em que o conhecimento da equipe não é suficiente, anotando no papel: "Nós não sabemos sobre…" Planeje ações para descobrir como resolver essas falhas.

Inicie o planejamento

- Identifique a missão e objetivos do cliente
- Veja com um gerente sênior da empresa cliente se ele concorda com sua interpretação
- Faça a análise SWOT do cliente
- Apresente a análise SWOT para um membro sênior da empresa cliente e corrija imprecisões

Defina objetivos

Comece o processo de planejamento produzindo uma breve declaração de seus objetivos ou propósitos para o cliente-chave. Coloque isso em evidência nesse estágio: você procederá com metas mais detalhadas mais tarde, no processo de planejamento. Os exemplos incluem:

- Manter o atual grau de negócios em divisões nas quais já temos projetos, e entrar em uma nova divisão em até seis meses
- Tornarmo-nos os fornecedores principais deste cliente
- Tornarmo-nos os parceiros naturais e promover cursos para quaisquer divisões da empresa cliente.

Os primeiros dois exemplos estão claros e concretos. Eles evitam expressões qualitativas como "ser o melhor" ou "a melhor qualidade" e levam o plano a ações focadas. O terceiro

Construindo relacionamentos
Você nem sempre precisa encontrar seu cliente-chave no escritório. Para construir uma relação mais informal, marque reuniões em restaurantes ou cafés.

exemplo inclui a expressão "parceiros naturais", uma definição que precisa ser mutuamente acordada antes de se ter a certeza de que o planejamento é concreto e direcionado, e não abstrato e aberto a discussões.

Entenda seu posicionamento atual

Use a análise SWOT para examinar sua atual posição no negócio. Seja honesto, principalmente nas afirmações sobre os pontos fracos. Por exemplo, se uma equipe falha em áreas que são cruciais para alcançar seus objetivos, documente o fato para consertá-lo depois. Quando completar o primeiro rascunho, examine a lista e relacione as oportunidades: assim como salientar as áreas para efetuar vendas devem-se também incluir ações para eliminar os pontos fracos detectados.

Encontre uma oportunidade para ajudar o cliente a acabar com suas fraquezas em todos os pontos possíveis. Procure ligações fortes entre suas oportunidades e os pontos fracos do cliente e as ameaças para poder ter certeza de que seu plano de ação trará benefícios a ele.

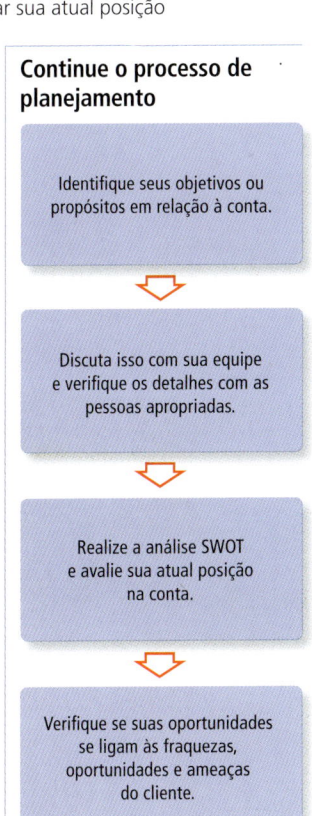

Continue o processo de planejamento

Identifique seus objetivos ou propósitos em relação à conta.

⇩

Discuta isso com sua equipe e verifique os detalhes com as pessoas apropriadas.

⇩

Realize a análise SWOT e avalie sua atual posição na conta.

⇩

Verifique se suas oportunidades se ligam às fraquezas, oportunidades e ameaças do cliente.

DICA Durante o planejamento, faça com que todos na sala tenham a mesma voz e o mesmo poder de voto; assim, membros juniores também podem contribuir.

Objetivos do gerenciamento de contas

Melhore seu posicionamento geral na conta ao definir objetivos tanto para você quanto para sua equipe. A análise SWOT servirá de guia: concentre-se nos pontos fracos.

Você quase certamente precisará de, ao menos, três objetivos definidos para cada uma das áreas listadas abaixo. Neste exemplo, os fatores críticos de sucesso no gerenciamento profissional de contas estão relacionados a uma amostra de objetivo apropriado.

Objetivos do gerenciamento de contas

FATOR CRÍTICO	OBJETIVO PLAUSÍVEL
Grau de contato	Conhecer cada gerente de departamento e discutir os pontos fortes, fracos e oportunidades para os próximos 3 meses
Satisfação do cliente	Superar o problema das cores e chegar a um acordo, com a loja, sobre a cor padrão do estabelecimento em um mês
Planejamento da conta	Reunir-se com a equipe para rever o plano da conta depois das visitas aos gerentes de departamentos dentro de 4 meses
Posição em relação à concorrência	Melhorar o posicionamento competitivo na conta reunindo-se com pelo menos três departamentos diferentes em 9 meses
Áreas estratégicas do cliente	Receber pedidos acima de $ 90.000 de uma das áreas do departamento de equipamentos esportivos ou de cozinha em 12 meses
Estratégias para o cliente-chave	Aprimorar a estratégia de sua conta reunindo-se com o grupo diretor de gerenciamento para debater e unificar planos produzidos por outras áreas em 10 meses
Pipeline	Encontrar novos clientes potenciais no valor de $ 230.000 em 3 meses
Participação no mercado	Reverter a situação negativa atual e substituir o concorrente no fornecimento de equipamentos esportivos ou cozinha nos próximos 12 meses.

DICA Desenvolva uma estimativa detalhada de qual recurso você precisará para conquistar um objetivo, depois liste as consequências de não o atingir.

Escreva suas ações e planos de recursos

Liste as ações necessárias para alcançar os objetivos dos próximos 12 meses. Elas serão detalhadas para o curto prazo e apenas estimadas para o longo prazo. Deixe uma pessoa responsável por cada ação e defina uma data para seu cumprimento. Por meio do plano de ação, faça uma lista dos recursos em pessoas, dinheiro e materiais necessários para concretizar o projeto. Lembre-se de que terá de convencer os gerentes que controlam orçamentos e recursos exigidos, por isso, planeje também sua aproximação a eles. Você, sem dúvida alguma, terá de explicar os benefícios que o aumento das vendas trará para a empresa, mas também terá de mostrar os benefícios para os gerentes e suas equipes. Por exemplo, o pessoal deles aprenderá novas habilidades caso se envolva na implantação de seu projeto? Se transformar sua conta em algo atrativo para se trabalhar, você aumentará as chances de conseguir alocar os recursos que precisa.

use a CABEÇA

Ajudar clientes num problema é útil para construir boas parcerias – pense nos problemas deles como oportunidades para você.

Mesmo que o problema não tenha nada a ver com seus produtos ou serviços, não ache que você não tem nada a ver com isso. Imagine, por exemplo, que o cliente não consegue manter sua equipe. Para eliminar essa fraqueza, apresente-o para os especialistas em reter talentos do departamento de recursos humanos de sua empresa. O encontro pode não resultar em vendas, mas é válido como um investimento para o futuro, pois demonstra boa vontade e empatia com os problemas de seu cliente.

Resumo: escrevendo seu plano de conta

O planejamento de uma conta-chave ajudará a identificar o *mix* de produtos e serviços mais rentável para vender a seus clientes e para ajudá-los a alcançar seus objetivos e metas. Leve em conta cada estratégia do cliente e a situação atual para direcionar seu plano adequadamente. A base deste plano é a análise SWOT – um resumo dos pontos fortes, fracos, oportunidades e ameaças relacionados a você e ao cliente. Pensar o planejamento com estes quatro itens em mente ajuda-o a ter uma ideia mais realista das ações e recursos de que precisará para atingir as metas de sua empresa e as de seu cliente.

Plano de ação

1 Analise sua conta-chave

Você já identificou a missão e as metas do cliente? — SIM

↓ NÃO

Verifique a missão da empresa pelo *site* ou relatório anual

2 Defina metas

Identifique seus objetivos e propósitos com relação à conta

3 Planeje suas ações

Liste as ações que precisa realizar para atingir as metas

4 Planeje seus recursos

Faça uma lista das pessoas, do dinheiro e dos materiais necessários para concretizar seu plano

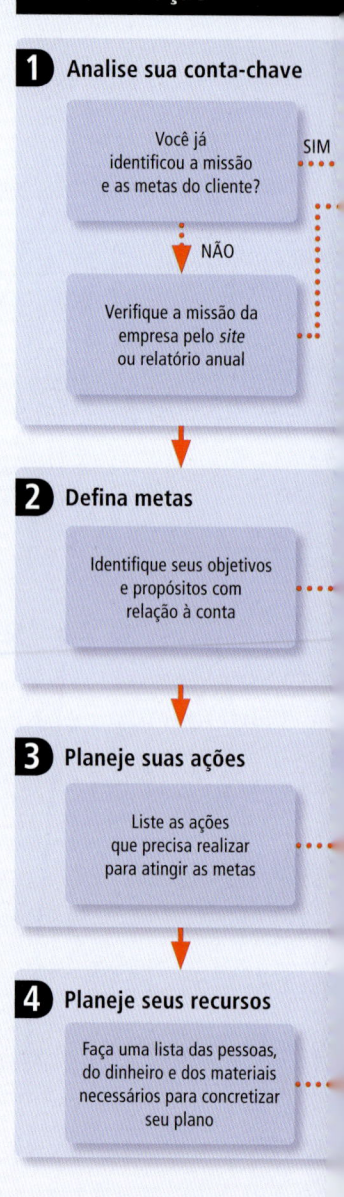

CONSTRUA CONTAS-CHAVE

```
                    ┌─────────────────────┐   NÃO   ┌─────────────────────┐
················► │ A empresa do cliente é │ ──────► │ Faça uma análise SWOT │
················► │ grande ou com muitas   │         │ para identificar os    │
                    │ divisões?              │         │ pontos fracos e fortes │
                    └─────────┬──────────┘         │ do cliente             │
                              │ SIM                    └──────────┬──────────┘
                              ▼                                    ▼
                    ┌─────────────────────┐         ┌─────────────────────┐
                    │ Considere a criação │ ·······►│ Discuta a análise   │
                    │ de um plano de conta│         │ com o cliente       │
                    │ para cada divisão   │         │                     │
                    └─────────────────────┘         └─────────────────────┘
```

```
          ┌─────────────────────┐         ┌─────────────────────┐
·········►│ Acerte estas metas  │········►│ Faça uma análise SWOT│
          │ com sua equipe      │         │ e avalie sua posição │
          │                     │         │ em relação à conta   │
          └─────────────────────┘         └─────────────────────┘
```

```
          ┌─────────────────────┐         ┌─────────────────────┐
·········►│ Deixe uma pessoa    │········►│ Defina uma data     │
          │ responsável por     │         │ para que a tarefa   │
          │ cada ação           │         │ seja cumprida       │
          └─────────────────────┘         └─────────────────────┘
```

```
          ┌─────────────────────┐         ┌─────────────────────┐
·········►│ Converse com as     │────────►│ Reveja o plano para │
          │ pessoas responsáveis│         │ conta-chave com     │
          │ por orçamentos e    │         │ frequência          │
          │ recursos para ganhar│         │                     │
          │ o apoio delas       │         │                     │
          └─────────────────────┘         └─────────────────────┘
```

RESUMO: ESCREVENDO SEU PLANO DE CONTA

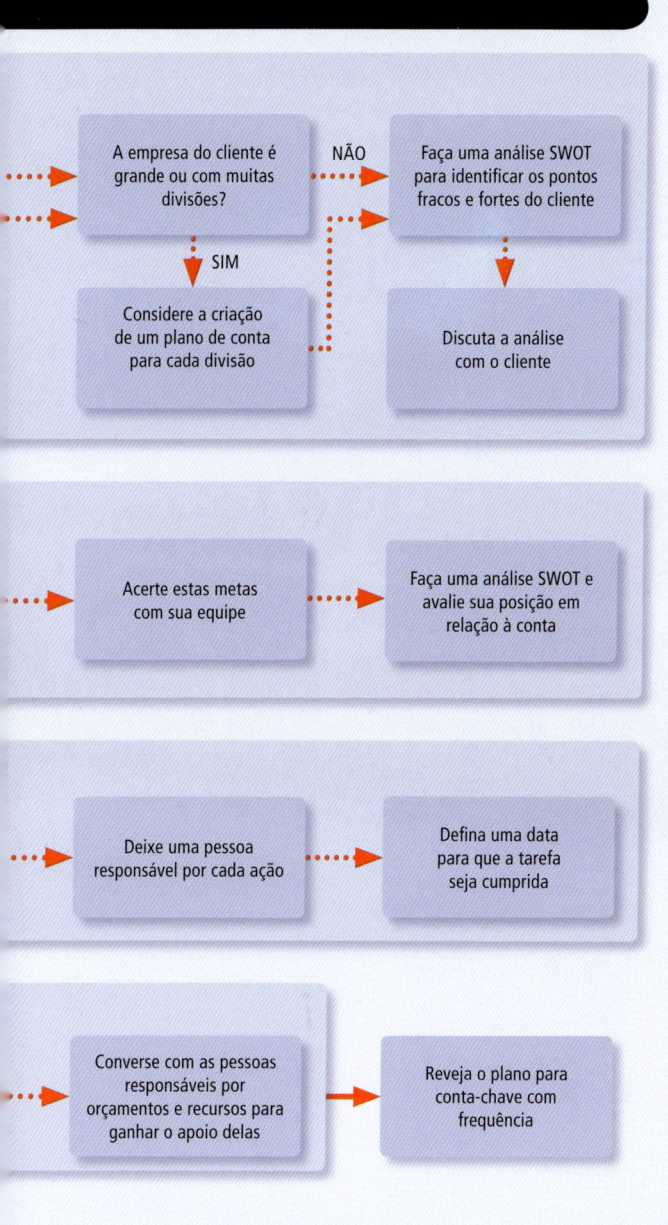

Finalize o plano para conta-chave

Termine o planejamento e divulgue-o para todos os envolvidos, ou ao menos parte de seu conteúdo. Leve em consideração a necessidade de trazer os profissionais do cliente para ajudar a construir e rever o plano.

Comunique o plano

Você deverá deixar parte do plano disponível para os *stakeholders* da conta. Uma cópia do documento inteiro deve ir para o pessoal de vendas, caso sua empresa tenha um, e para seu gerente, a fim de garantir o comprometimento de todos em ajudá-lo a alcançar suas metas. Um sumário executivo com duas ou três páginas é mais apropriado para as outras áreas, como a administração geral. As apresentações devem ser feitas para as pessoas envolvidas, como os gerentes dos recursos que você solicitou para viabilizar o projeto: concentre-se nos benefícios à empresa se alcançar esses objetivos (como aumento nas vendas)

Calendário para rever o plano

Frequência	Atividade
Diária alguns minutos	Cada *stakeholder* revê e atualiza as ações pelas quais são responsáveis
Semanal menos de 1 hora	Cada *stakeholder* revê suas ações e progressos em direção aos objetivos e relata seu desempenho e mudanças em potencial ao gerente da conta
Mensal 1-2 horas	O gerente da conta revê um ou mais objetivos e planos de ação com os *stakeholders* envolvidos
Trimestral 1-2 horas	O gerente da conta apresenta os progressos na conta para seu diretor focando-se nas maneiras de atingir as metas dentro do prazo estipulado
Semestral 1/2-1 dia	O gerente da conta leva a equipe para rever todo o planejamento, incluindo as análises SWOT
Anual 1-2 dias	Os *stakeholders* se encontram, de preferência fora da empresa, para redesenhar o plano. Idealmente isso deveria envolver o cliente

Calendário para revisão Rever seu plano regularmente para não o deixar desatualizado. Monte um calendário como este, de acordo com a complexidade do plano.

> ## TÉCNICAS *para* praticar
>
> **Mantenha as reuniões de planejamento – e outros encontros – limitadas a um horário. Isso evita desperdícios de tempo.**
> Lembre-se que a criação de um plano é só o começo. O volume de trabalho ainda está por vir. Com isso em mente, não programe reuniões além do necessário. Pratique isto em toda reunião que participar:
> - Combine um horário para a reunião terminar antes ou logo no começo.
> - Se a pauta não for completada, indique pessoas para terminarem esse processo individualmente ou em pequenos grupos.
> - Ao começo de cada reunião, reveja brevemente o que foi feito desde a última.
> - Nunca deixe uma reunião durar mais do que o fixado. Se preciso, marque outro encontro imediatamente para garantir que termine no tempo certo.

e à equipe – um interessante e compensador trabalho com plano de desenvolvimento de carreira através de treinamento e experiência.

Envolva o cliente

Um elemento importante de uma parceria real entre um fornecedor-chave e um cliente-chave é o envolvimento mútuo no planejamento de cada um. Por isso, é importante que você faça deste um objetivo primordial. Comece convidando os profissionais da empresa cliente a participar do começo do Planejamento para Conta-chave – que inclui a missão do cliente, o objetivo e a análise SWOT ou pesquisa de ambiente do cliente. Se vocês trabalham em parceria e numa cultura de confiança total, convide-os a participar da pesquisa de ambiente de sua empresa – a fornecedora. Uma vez que você tenha finalizado o planejamento, faça uma apresentação para dividir com eles tudo o que achar comercialmente relevante. Você deve também trabalhar duro para incentivar no cliente a reciprocidade – seu objetivo é ser convidado para ao menos algumas reuniões de planejamento dele.

Índice

aberturas 49, 51
abrir venda 50-55
   como reconhecer 52
   completar 60-61
   construir canal 51
   criar 34, 37
   planejar 48-49
   qualificar interessados 56-59
   resumir 60
   resumo 62-63
agenda de contatos 30
agenda, acordo 50
análise
   de balanço 56
   de custo-benefício 59
aparência, equipe 16, 17
apresentações 67, 70-73, 104, 105
assistentes de vendas 91

bases da decisão 47, 50, 65, 69
   definições 54
   planos de venda 61
benefícios, clientes 22-23, 39, 69

cliente 24-43
   análise, regra 80/20 98
   apoio 88
   banco de dados 92-93
   cultura do 84-85
   feedback 19
   foco 84-85
   o melhor 98-99
   perfil 26, 38
   plano de desenvolvimento 101
   registros 92-93
   serviços 85, 86, 94-95
cliente, necessidade 47, 50, 69, 76
   antecipar 98-99
   definir 53, 59
   e planos de vendas 61
   mercado 28
   resumir 53
   varejistas 91
cliente, satisfação 14, 82-95
   medir 86-89
   metas 105
   varejo 90-93
comunicar 18-21
concessões, fazendo 77
concorrência 47, 60-61, 67, 106
conferências 21
confiança 61
   desenvolver 16, 17
   em apresentações 72
   em negociações 75

construir a venda, 64-67
contas-chave 94, 96-115
   planejamento 108-115
   processo 102-103
   resumo 114-115
contatar suspeitos 36-37
contatos 30
   aumentar a base 104-105
converter avaliação 42-43
correspondência direta VER mala direta
cotação 68
critério de decisão VER bases da decisão
cronograma 47, 50, 54-55, 64
cross-selling 92

dados, organizar 30-31
decisões, tomador 57-58, 70
demonstrações 64
departamentos de compras 23
documentos 86, 89

empatia 67, 84
equipe de compras 58, 59

fechar o negócio 78
   lidar com objeções 79
   resumo do fechamento 78, 79
   teste de conclusão 59, 78
feedback de cliente 19, 84, 94
foco em grupo 88, 89
folder 38
fontes de informação 26
   imprensa financeira 21, 26
   internet 26, 27, 46
formulários 91
   análises 88
   documentos 86-87
   e plano de vendas 61
   finanças 47, 54, 56

gerenciamento de conta
   objetivos 112-113
   processos 102-103
gerenciamento de tempo 30-31
gerentes 87, 100, 101

habilidades, avaliações 8-11

imprensa 34
indústrias em crescimento 99
informação
   adicionais, procura 60
   oferecer resumo 68
interrupção 18, 19

jargão 21

linguagem corporal 52, 75, 76

mailing list 38
mala direta 34, 38-39
marcos 64, 65
mercado 26-29
mercado consumidor 26
mercado, participação 107
mercados corporativos 27
missões 108, 109

negociações 74-77
  compromisso 77
  confiança 75
  estabelecer condições 77
  estabelecer objetivos 74-75
  fazer concessões 77
  identificar necessidades e desejos 76
  identificar tópicos 74
  manter a calma 76

objeções, lidar 79
objetivos
  da negociação 74-75
  do contato inicial 48-49
  gerenciamento de contas 112-113
  satisfação do cliente 105
  serviço ao cliente 86
  vendas 30-32
objetivos, definir 102
observar vendedores 15
organizações 27
  divisões 27, 108
  promover-se 66, 67
ouvir 18, 19

panfletos 38, 39, 93
pedidos de compras 35
perfil de empresas 27
perguntas 18-19
  de fechamento 79-81
  desafiadoras 50
  fechadas 18, 20, 91
  abertas 18, 49, 92
pesquisas 89, 94-95
pessoas-chave 47, 57-59, 61
pipeline de vendas 42, 43
 planejamento de recursos 101, 102, 113
planejar
  abertura 49
  contato inicial 48-49
  esboço do projeto 55
  plano da conta-chave 108-115
planilhas 32
plano de ação 60, 113
plano de contas, desenvolvimento 102-103
plano de implantação 69
plano de vendas 60, 61
praticidade 47, 54, 61

preço, objeções 79
preparação 46, 48
previsão de vendas 32-33
primeira impressão 16, 17
princípios de negócios 26
processos de negócios 23
processo de vendas 44-81
  abrir a venda 50-63
  apresentar solução 70-73
  construir uma venda 64-67
  definir 46
  fazer a proposta 68-69
  fechar o acordo 78-79
  medir o desempenho 47
  negociar termos 74-77
  planejar 48-49
produto
  características 22-23, 28, 66
  conhecer 28
  e adequação ao mercado 28
  e matriz do mercado 29
  grupos 29
  inovação 89
  retorno 92
profissionalismo 16, 81
progresso, medição 47
promoções 34
propostas 42, 43, 67
  apresentar 70-73
  escrever 68-69
  estruturar 69
proposta única de venda 66, 67
prospecção 29, 31, 37, 42
  contatar 35
  encontrar 34-35
  entender 34
  focar, qualificar 56-59
  resumo 40-41
publicidade 34

qualificar como não viável 56, 81
  o cliente 56-59
questionário 8-11

rascunho do projeto 55
reclamações, lidando 94-95
referências 36, 66
relacionamentos
  banco de dados 92-93
  criar 14,19
  descobrir 46
  longo prazo 98-99
  missões, objetivos 108-109
  problemas de 113
resumo
  contato inicial 62-63
  escrevendo seu plano de conta 114-115
  sondando clientes 40-41

role-plays 49, 101
serviço de pós-venda 15, 86, 87, 88
situação estratégica 106
soluções 47, 61
  apresentação 70-73
sondar pelo telefone 35, 36-37
stakeholder 58, 100-101
  contas 103
suspeitos 35
  contatar 36-37
  identificar 35
SWOT, análise 109, 111, 112

termos e condições, negociação 74-77
tempo, proteção 80
tendências do mercado 99, 100

vendas
  equipe 100-101
  estratégia 64
  pipeline, 42-43, 103, 112
  metas 32
  relacionamento 14-15
  técnicas 15
vender no varejo 90-93
vestuário 16

Créditos das fotografias

O editor gostaria de agradecer a gentil permissão de reproduzir as fotografias.
Abreviações: (c) = centro, (d) = direita, (e) = esquerda, (a) = alto, (b) = baixo,
(be) = baixo à esquerda = (bc) = baixo centro, (bd) = baixo à direita.

1 Wide Group/Iconica/Getty (e), TIM McGuire/Corbis (c), Corbis (d); **2** Fabio Cardoso/Zefa/Corbis; **3** Shiva Twin/Getty (a), Ingolf Hatz/Zefa/Corbis (b), Digital Vision/Getty (c); **4** Premium Stock/Imagestate; **6** Gabe Palmer/Alamy; **8** Corbis; **13** Jon Feingersh/Zefa/Corbis; **17** Ingolf Hatz/Zefa/Corbis; **20** Don Mason/Corbis; **31** Roger Dixon/DK Images; **36** Roger Dixon/DK Images; **41** Corbis; **43** Digital Vision/Getty; **45** Premium Stock/Imagestate; **52** Roger Dixon/DK Images; **58** Fabio Cardoso/Zefa/Corbis (a), Gabe Palmer/Corbis (be), ImageState/Alamy (bc), Walter Hodges/Getty (bd); **63** Roger Dixon/DK Images; **65** Kevin Hatt/Photonica/Getty; **73** Hiep Vu/Masterfile; **78** G. Baden/Zefa/Corbis; **83** Howard Sokol/Getty; **85** Roger Dixon/DK Images; **88** Roger Dixon/DK Images; **93** Gerd George/Taxi/Getty; **97** Corbis; **101** Corbis; **110** Wide Group/Iconica/Getty.

Dorling Kindersley gostaria de agradecer aos seguintes modelos: Naqash Baig, Katie Dock e Caroline D'Souza.

Para maiores informações, ver http://www.dkimages.com

Agradecimentos

Escrever um livro para a Dorling Kindersley é um incrível trabalho em grupo. Eu gostaria de agradecer a Adèle Hayward e a Simon Tuite por seu apoio no *design* e no processo. Agradeço também ao editor, Tom Broder, ao *designer* Ted Kinsey, e ao restante da equipe editorial por suas habilidades, profissionalismo e imensa contribuição. E, finalmente, agradecer a vocês por terem tornado esta uma tarefa muito agradável.

Sobre o autor

KEN LANGDON tem experiência em vendas e *marketing* na indústria de tecnologia. Como consultor independente, ele já treinou pessoas e gerentes de vendas nos EUA, Europa e Austrália e já aconselhou gerentes no treinamento de sua equipe. Ele também já orientou empresas como a Hewlett Packard. Ken é autor de uma série de livros para a DK e coautor de outras séries sobre gerenciamento, como *Putting Customers First*. Ele ainda é um dos autores de *Succesful Manager's Handbook*.